# L'AMIRAL CLOUÉ

RÉCITS MARITIMES CONTEMPORAINS

COMPIEGNE. — IMPRIMERIE HENRY LEFEBVRE
31, RUE DE SOLFERINO, 31

L'AMIRAL CLOUÉ

Dans ses dernières années.

Page 1.

# L'Amiral Cloué

SA VIE

RÉCITS MARITIMES CONTEMPORAINS

PAR

H. BUCHARD

LIEUTENANT DE VAISSEAU

---

PRÉFACE DE JEAN AICARD

PARIS

LIBRAIRIE CH. DELAGRAVE

15, RUE SOUFFLOT, 15

1893

VICE-AMIRAL

# Georges-Charles CLOUÉ

ANCIEN MINISTRE DE LA MARINE ET DES COLONIES

CONSEILLER D'ÉTAT

MEMBRE DU BUREAU DES LONGITUDES

VICE-PRÉSIDENT DU CONSEIL MÉTÉOROLOGIQUE

MEMBRE DE L'OBSERVATOIRE

GRAND'CROIX DE LA LÉGION D'HONNEUR

COMMANDEUR DE LA COURONNE DE FER D'AUTRICHE

GRAND'CROIX DE L'ORDRE DE L'ÉPÉE DE SUÈDE

GRAND'OFFICIER DU NICHAM DE TUNIS

COMMANDEUR DE GUADALUPE

OFFICIER DE L'INSTRUCTION PUBLIQUE

ET DE DIVERS AUTRES ORDRES

# PRÉFACE

*M. le Lieutenant de vaisseau* H. BUCHARD, *ayant épousé la petite-fille de l'Amiral* CLOUÉ, *ce livre est un hommage filial au grand-père, en même temps que la consciencieuse étude historique d'un marin sur la vie d'un homme qui a grandement honoré la Marine française.*

*Mais, de quel droit présenterai-je aux lecteurs, un tel ouvrage, moi, poète, — et combien me semble difficile la tâche qu'on m'a fait l'honneur de m'imposer !*

*Et bien, je ne dirai au lecteur que deux choses : mon admiration respectueuse pour l'Amiral Cloue, que j'ai eu le bonheur de connaître ; et mon admiration, toujours attendrie, toujours renouvelée, pour notre grande Marine.*

*A quoi bon et comment, après H. Buchard, conterais-je, le moindre épisode de la vie de l'Amiral ? Elle est si remplie, cette existence, qu'elle demanderait un volume pour être contée. Ce volume, il l'a fait et bien fait. Rien n'y est omis, et comme cette belle existence est liée étroitement à l'histoire de notre pays, c'est ici un vrai volume d'histoire. J'estime qu'il faudra le consulter par exemple lorsqu'on voudra connaître certains détails maritimes de la campagne du* Mexique.

— « Mexique *et* Terre-Neuve, *tels sont les deux mots, a dit M. Tréfeu, par lesquels on répond aussitôt à qui prononce le nom de l'Amiral Cloué.* »

— « *Nous avons refait, écrit l'Amiral, l'hydrographie de toutes les parties de Terre-Neuve, qui intéressent le plus la pêche française, en dressant un ensemble de cent cinquante cartes ou plans, dont quarante-et-une sont mon œuvre personnelle.* »

*Avant cette œuvre de l'Amiral, « cent vingt navires venant de France, montés par deux mille huit cents hommes, — deux cents goëlettes, armées à Saint-Pierre-et-Miquelon, montées par deux mille hommes », — naviguaient chaque année, au milieu d'incertitudes et de périls inutiles.*

*Cette seule œuvre de l'Amiral Cloué, entreprise et menée à bien malgré toutes les singulières difficultés que signale M. Buchard, suffirait à l'illustration d'un homme.*

*Mais, encore une fois, je ne veux emmener les lecteurs, ni dans la mer des Indes, ni en Crimée, ni aux Etats-Unis, ni au Mexique, ni même à Terre-Neuve ; c'est au livre que voici de les conduire avec l'Amiral dans toutes les parties du monde où sans cesse il nous apparaît le serviteur admirable de la patrie toujours présente.*

*Seulement, il nous semble nécessaire de noter en passant qu'au Mexique le Commandant Cloué a souffert de deviner Bazaine, et, — encore, — que si la Tunisie est nôtre, c'est bien un peu au Ministre Cloué qu'on en doit l'utile conquête.*

*L'Amiral était de cette forte race plébéienne qui sait devenir intellectuelle sans amoindrissement physique, et dirigeante sans vanité. Plus rare qu'on ne croit, cette catégorie d'hommes, car il n'est pas juste de dire que c'est une race ! J'estime au contraire qu'un de nos malheurs, c'est que de tels hommes soient rares chez nous !*

*Tout de suite, en un pays comme le nôtre où l'éducation divise les hommes en supérieurs dédaigneux et en inférieurs timides, le bourgeois de ce matin, hier encore ouvrier, se fait dur aux pauvres diables et montre une morgue qu'ignorent les princes. Il croit par là conquérir droit de cité chez les Grands et ne s'aperçoit point que cela même désigne en lui le parvenu, épithète applicable seulement à l'homme qui reste inférieur à la position obtenue, fût-elle conquise.*

*L'aisance à porter les honneurs et le commandement, telle est la marque essentielle des hommes nés pour le commandement et les honneurs. ... Simplicité et bonhomie dans la force sûre d'elle-même, c'est le trait qui caractérisait pour moi la figure — ferme et haute — de l'Amiral Cloué.*

*Il avait toutes les bienveillances.*

*Voici quelque douze ans, il daignait s'intéresser à mes travaux littéraires, et je le vois encore, comme j'étais à la veille de faire représenter, à la* Comédie-Française, *une pièce dont les principaux personnages étaient des marins, — me donner avec amitié maint détail pour le costume ou les décors, et feuilleter avec moi les albums de Sahib, qu'il aimait beaucoup.*

*Essentiellement homme d'action, habitué, en d'incessants voyages, à subir la solitude du cœur, — il avait gardé l'exquise faculté de comprendre et d'aimer les enfants. Il enchantait ses petites-filles avec des récits merveilleux, avec des dessins fantaisistes que pieusement elles conservent.*

*Et quand les lettres arrivaient à la maison, du fond de ces pays qui, aux enfants, semblent chimériques, souvent les enveloppes, couvertes de dessins en couleur, annonçaient, avant qu'on les ouvrît, de quelle main elles venaient ; — et elles parlaient aux plus petits, qui ne savaient pas lire, des contrées de songe où vivent les bonnes fées et les magiciens !*

*Dans les pages que voici, on verra combien admirable fut la carrière de l'Amiral ; de quelles activités persévérantes, de quelle volonté inflexible, de quelles énergies sans défaillance, il a servi son pays.*

*Ah ! comme il m'est facile en somme, — je m'en aperçois, — d'admirer bien haut un marin ! Et comme elle me tient au cœur, par mes plus chers souvenirs, cette incomparable Marine !*

*Provençal de Toulon, je les vois depuis mon enfance, les grands cols bleus et les redingotes galonnées.....*

*J'ai eu, j'ai encore, parmi les officiers de marine, des parents et beaucoup d'amis.*

*Le plus ancien de mes camarades, — un frère véritablement, — est un capitaine de frégate ; et celui qui, aux jours de l'adolescence, se montra le plus tendre, est mort enseigne de vaisseau. Jeunes ou vieux, plus d'un m'a quitté pour ne revenir jamais, — s'est perdu là-bas, noyé ou tué, au Sénégal ou au Tonkin, ou ailleurs.....*

*Le dernier, Jules Millet, était médecin de la marine, c'est-à-dire de ceux qui ont le plus souvent d'effroyables besognes — et, cependant, peu ou pas de gloire.*

*Et je les aime tous, moi le frère terrien, moi qui demeure, tant qu'il me plaît, sur le solide rivage, dans la maison qui jamais ne penche au vent. Oui, j'ai pour eux tous un cœur de frère.*

*Je le sens, ce cœur, trop doucement tendre, — trop faible je l'avoue, — pour les grandes tâches qu'ils ont, eux, acceptées. Les grands départs perpétuels me font peur. En vérité, je n'aurais pas pu, il me semble, arracher si souvent les racines de ma vie à la terre où elles plongent......*

*Toutes ces fibres profondes, à chaque arrachement, je n'aurais pas pu les sentir se rompre et pleurer toutes saignantes...*

*Le rêve de tout homme n'est-il pas de dire :*

*C'est ici ma maison, mon champ et mes amours !...*

*Et rien de cela (l'existence est pourtant si courte) n'appartient au marin pour toute sa vie ; non, pour la moitié seulement !*

*De deux ans en deux ans, le service commande ; le bateau appareille.....*

*Oh ! dans la grande rade, décor magnifique auquel rit la ville natale ; dans le port où sommeille la mer familière, comme apprivoisée, oh ! les appareillages ! Oh ! ce mouvement lent de l'énorme navire qui abandonne le coffre où il était fixé, maison flottante mais voisine des maisons du quai !... Où donc est-elle aujourd'hui cette maison d'en face qui nous regardait, ce matin encore ?*

*La voici qui s'en va vers les horizons perdus..... Elle part, glisse, s'éloigne. Déjà, toute petite sur le lointain, elle disparaît, fumée fondue sous de la brume...*

*Et aujourd'hui comme aux temps antiques on peut dire, ce semble, qu'ils ont un cœur ceint d'un airain triple, ceux qui, à toute heure, quittent la vie terrienne pour tous les inconnus menaçants.*

*Et toute la tendre crainte que m'inspirent ces destinées, se change en admiration émue pour la pensée qui les suscite et qui les commande.*

*En notre temps de lucre, de désirs jouisseurs, de trivialités triomphantes ; où l'art lui-même renonce à peindre des héros sous le prétexte menteur qu'il n'en existe plus ; où le pessimiste en chambre gémit pour un pli de moquette auquel s'est heurtée sa molle pantoufle ; en ce siècle où le titre d'idéaliste dénonce un homme à la gouaillerie toujours prête, la Marine apparaît comme une école résistante d'activité, de vaillance contre la* nature, *d'effort continu pour le bien commun. Le courage s'y exerce quotidiennement sans avoir nécessairement à s'exercer contre l'homme. Et c'est pourquoi la Marine présidera sans doute quelque jour, comme force généreuse en même temps qu'imposante, à ces Etats*

*Généraux du monde dont Michelet voyait le cadre dans la merveilleuse rade de Toulon.*

*La Marine, c'est pour moi l'idée de patrie mystérieusement et victorieusement rapprochée de l'idée d'infini. En quelques eaux qu'il se trouve, le navire n'est-il point la patrie elle-même ? Sous les trois couleurs ondulantes au bout des mâts, cette planche du pont, c'est, politiquement, le sol de la patrie.*

*Supposez donc toutes les flottes de toutes les nations du monde, assemblées dans cette rade française et dites si vous n'avez pas, réalisées, devenues un fait indéniable, matériel, l'assemblée des Etats-Unis de l'univers ?*

*L'Amiral Cloué a été l'un des esprits, l'un des caractères les plus dignes des grandes idées évoquées par la Marine. Et la Marine est la plus solide, la plus magnifique représentation de l'idée de patrie, — dans le présent, nécessaire hélas! tel qu'il est, et dans l'avenir possible, tel que nous le rêvons.*

JEAN AICARD

*Paris, 10 avril 1893.*

---

# L'AMIRAL CLOUÉ

## I

### ENFANCE DE L'AMIRAL CLOUÉ — PREMIÈRES CAMPAGNES

Avant-propos. — Enfance de l'Amiral Cloué. — Sa vocation irrésistible pour la marine. — Il entre à l'École navale à l'âge de 15 ans. — Premiers voyages sur le *Nisus*, la *Dryade* et le *Météore*.

Nous voulons retracer dans ce volume la vie de l'amiral Cloué, et montrer ce que peut être dans l'armée de mer, l'existence glorieuse d'un homme de courage et d'action, de devoir et de science.

Nous suivrons ce brillant officier dans toutes les mers du globe qu'il a parcourues pendant près d'un demi-siècle, et nous dirons comment il a mêlé son nom à tous les événements auxquels notre marine a pris part depuis 1830.

Les épisodes de la vie de l'amiral Cloué forment un singulier contraste avec la langueur des paisibles carrières d'à présent; — les aventures semblent se donner rendez-vous sous ses pas; — presque chacun de ses grades est la juste récompense d'un service rendu au pays.

Sorti des rangs modestes de la société, son seul mérite l'a conduit aux plus hautes dignités et aux plus grands honneurs, sans qu'il en conçut jamais orgueil ou vanité.

Toujours bienveillant, d'un abord facile, il a passé sur cette terre faisant le bien, travaillant sans relâche et en convaincu, à la grandeur de la France; — il est mort emportant avec lui les regrets de tous ceux qui l'ont connu.

Les marins qui servirent sous ses ordres n'oublieront jamais cette nature ferme, ce sang-froid hardi, cette sollicitude constante à défendre leurs intérêts.

Le travail que nous allons faire sera pour nous un précieux sujet d'étude, car il nous montrera l'énergie particulière, l'intelligence supérieure et la volonté persévérante qu'il faut déployer pour sortir vainqueur de la difficile lutte de la vie.

Tous les événements que nous relatons ont été pris soit dans la correspondance privée, soit dans les notes ou les documents que l'Amiral a laissés à sa famille; et c'est ainsi que nous avons pu détailler les épisodes les plus marquants de sa longue carrière.

M. Tréfeu[1] a eu raison de dire « quand on prononce devant un marin le nom de l'amiral Cloué, il répond aussitôt ces deux mots *Terre-Neuve et Mexique.* »

Nous nous permettrons donc d'énumérer cette longue série de travaux hydrographiques qui a fourni tant de cartes et tant de renseignements indispensables à la sécurité de nos marins; — nous donnerons également des détails inédits sur le rôle important qu'a joué la marine dans cette conquête néfaste et éphémère de la France : le Mexique.

L'homme passe, mais son souvenir reste, et les services de l'amiral Cloué sont de ceux que l'on ne doit pas oublier.

Que ne puis-je en les rappelant consacrer à jamais sa mémoire !!

* * *

Georges-Charles Cloué naquit à Paris, rue de la Pépinière, le 20 août 1817.

Son père, Jacques Cloué, était un humble de l'échelle

1. *Nos marins*, par Etienne Tréfeu.

sociale ; fils d'un tisserand du Berry, il apprit seul, — et dans les loisirs de son apprentissage de menuiserie, — beaucoup plus que n'en savait à cette époque l'instituteur d'*Ecueillé*, son village. Il aimait surtout les mathématiques, et doué d'une rare persévérance que servaient une grande intelligence et une excellente mémoire, il devint très fort en arithmétique, algèbre, géométrie et trigonométrie.

Le désir de faire fortune le conduisit à Paris, en qualité de menuisier-ébéniste. On se mariait trop jeune alors, et Jacques, — à vingt-trois ans, — épousa la fille d'un maître de serrurerie, Rose Cousty, qui avait cinq ans de plus que lui.

Simple et laborieux vécut le jeune ménage, et pour sa part de richesse et de bonheur, Dieu lui donna Georges, le second fils qui vint au monde en 1817 ; — l'aîné avait déjà quatre ans et s'appelait Jacques comme son père.

* * *

Ce fut donc entre l'atelier d'ébénisterie et l'école du quartier, que s'écoula l'enfance du futur marin. Plus tard, devenu amiral et grand'père, il aimait à raconter à ses filles, puis à ses petites filles, ses prouesses et ses espiègleries d'écolier, ne diminuant pas plus qu'il ne l'exagérait l'obscurité de ses débuts. Le vieil écrivain public, installé dans une petite baraque, voisine de l'habitation de ses parents, n'en était plus à compter les malicieuses réflexions crayonnées sur ses planches. Un jour même, aidé de ses camarades, le turbulent garçon retourna contre le mur l'échoppe du bonhomme, qui resta prisonnier pendant une heure.

De là, Georges courait à Saint-Sulpice et montait avec son frère sur les tours ; puis, escaladant la balustrade, les deux gamins se promenaient gravement sur le rebord effroyablement étroit.

Et quel bonheur pour le futur amiral de cheminer, les jours de congé, armé d'un cornet de pommes de terre délicieusement frites, achetées pour la somme de deux sous à la boutique du coin.

Plus d'un vêtement principal, déchiré dans une bataille, lui valut une verte correction de sa mère, qui n'était point d'une époque où l'on craint de parler fort aux garçons.

Mais avant toutes choses, le jeune Cloué apportait une grande ardeur à l'étude, et grâce à sa vive intelligence et à sa prodigieuse mémoire, il ne tardait pas à devancer tous ses camarades.

Sa vocation se dessina de bonne heure ; — à l'âge de six ans il rêvait déjà de devenir marin, — et son amusement favori était de suivre au fil de l'eau, sur les rives de la Seine, de petits navires en bois, qu'il construisait lui-même avec une certaine habileté.

Son père le plaça, quand il eut sept ans, à l'institution Duras, rue de Sèvres, où il révéla de suite une aptitude tellement particulière pour les mathématiques qu'il fut bientôt chargé par le directeur d'expliquer les cours aux élèves plus jeunes ou retardataires.

Sa marraine, madame Dutaillis de Surville disait maintes fois, plus tard : « Georges, à neuf ans, était un phénomène ; il passait son temps à tracer des figures géométriques sur le sable, dans les allées du jardin, ou bien à faire des calculs et des problèmes sans fin..... »

A mesure qu'il grandissait, les aspirations de l'enfant se tournaient plus passionnément vers la vie maritime — jamais il n'était si heureux que dans les longues veillées d'hiver, lorsqu'on lui permettait la lecture de ses livres et récits de voyage. Avec quelle joie sa pensée s'envolait alors vers ces lointains pays si merveilleux, si nouveaux — qui l'attiraient à travers la mer immense avec une irrésistible force !

Malgré le désir de son père, notre héro n'eut donc jamais ni le goût, ni l'idée de lui succéder dans la direction de l'atelier, et ces deux volontés contraires, trop souvent exprimées, menaçaient de troubler l'intérieur si calme de l'entêté berrichon, mais la Providence veillait et un heureux incident vint fixer définitivement la carrière du jeune Cloué.

JEAN CHAPPE, qui avait succédé à son frère Claude, l'inventeur du télégraphe aérien, et demeurait chargé par le gouvernement d'exécuter les grandes lignes de France, était en relations d'affaires et d'amitiés avec Jacques Cloué ; il venait souvent le visiter à son atelier.

Un jour, il trouva sur la table de celui-ci un cahier de mathématiques appartenant au petit Georges, qui avait douze ans. Frappé de la rectitude de jugement et de la puissance d'assimilation, révélées par le manuscrit de l'enfant, il le fit appeler et lui dit :

— « Voyons, mon ami, que veux-tu faire quand tu seras plus grand ? »

Et sans hésiter Georges répondit :

— « Moi, Monsieur, je veux me faire marin ! »

Jean Chappe comprit vite que cette vocation était arrêtée, enthousiaste, absorbante ; il raisonna le maître de menuiserie et le décida à fournir à son fils les moyens d'entrer à l'École navale.

Ce fut en vain que sa mère et tous les amis de sa famille essayèrent de détourner Georges d'une carrière que l'on considérait, à cette époque surtout, comme devant nécessairement procurer une existence de dangers et de sacrifices. Toutes les tentatives se brisèrent devant l'énergie froide et résolue d'un enfant.

Ce futur amiral de douze ans entra donc comme externe dans une institution de la rue d'Assas, dirigée par un ancien élève de Polytechnique, M. Saint-Genest, qui préparait aux écoles du gouvernement.

En même temps, il suivait avec beaucoup d'entrain et beaucoup de goût, les cours d'une école de dessin devenue depuis l'*École nationale des Arts décoratifs*. Son entrée à l'École navale l'empêcha seule d'y devenir plus qu'un excellent élève, mais il conserva toujours le meilleur souvenir des bonnes heures qu'il y avait consacrées à l'art.

Et plus tard, ce fut pour lui une tâche bien douce de présider, comme ministre de la marine, à la distribution des récompenses méritées pendant l'année 1881 ; et il fit la joie des jeunes gens en leur contant qu'il craignait d'avoir « dévoyé » en quittant « l'art pour le sabre ».

Bref, à ces deux Écoles, comme aux cours précédents, le jeune Cloué se fit remarquer par ses brillantes aptitudes pour le travail, et M. Saint-Genest conçut un moment le projet de l'attacher à son établissement comme professeur de mathématiques. Mais cela ne répondait guère aux ambitions de l'élève, pour lequel les douceurs du professorat ne compensaient pas les aventures rêvées, et qui, malgré les nombreux obstacles semés comme à plaisir sur sa route, fut en 1832 admis à l'École navale avec le numéro 4 ; — il avait à peine quinze ans !

Sa nomination lui parvint à Paris le 28 septembre, et cinq jours plus tard il partait pour Brest.

Le sort en était jeté ! Georges Cloué appartenait maintenant à la grande famille maritime ; il devait, dès lors, — endurer séparation après séparation, — renoncer aux premières heures d'indépendance de la vie, — s'élever par un avancement lent, d'une obéissance sans bornes, au difficile honneur d'un commandement qui amène avec lui les plus grandes responsabilités, — et porter bien souvent en son cœur le regret de la patrie absente.

Le monde qui se laisse parfois enthousiasmer si facilement par les côtés brillants du métier de la mer, ne tient pas assez compte de ces existences patientes, dans lesquelles l'homme ne lutte pas seulement contre la fureur des éléments ou les ennemis du dehors, mais surtout contre l'ennui, les regrets ou les défaillances de son cœur !

* * *

Georges Cloué ne passa qu'une année à l'École navale, sur l'*Orion*, où ses camarades le citaient déjà comme un manœuvrier parfait, — nul ne connaissait mieux que lui les courants de la rade de Brest, ou les passes de l'Iroise ; et nul n'était plus capable de faire évoluer rapidement les corvettes d'instruction.

Nommé aspirant de deuxième classe le 14 octobre 1833, il fut embarqué de suite comme passager sur la corvette de charge la *Dordogne*, pour rejoindre le brick le *Nisus*, en station dans la mer des Antilles. Il n'était pas grand son premier navire, et cependant le jeune marin y goûta les plus vives et les plus franches émotions. Son désir était réalisé! Il allait enfin parcourir le monde, et connaître cette vie aventureuse tant rêvée.

Et si parfois il trouvait un peu étroit le poste des aspirants du *Nisus*, où dans un espace de dix mètres cubes à peine six jeunes gens devaient vivre entassés, il s'en consolait bien vite en descendant à terre dès que son service lui rendait la liberté.

C'est ainsi qu'il visita successivement la Martinique, la Guadeloupe, Cuba, la Venezuela, les îles Sous-le-Vent, prenant des notes partout et dessinant avec la plus scrupuleuse exactitude ce qui lui semblait présenter quelque intérêt.

Le mois d'août 1834 le ramena en Europe, après une pénible traversée, où le brick eut plusieurs morceaux de sa mâture emportés par une forte tempête. — Puis, le *Nisus*, aussitôt ses réparations terminées, fut attaché à la station du Portugal et mouilla pendant dix longs mois devant Lisbonne.

Tout d'abord la patrie de Camoëns et de Vasco de Gama séduisit notre jeune navigateur qui employa ses loisirs à parcourir les rives du Tage et les montagnes de Cintra ; mais ce séjour prolongé pèse, à la longue, au cœur de Georges Cloué qui déclare dans toutes ses lettres que Lisbonne lui est devenu insupportable. L'admirable basilique de Belem, et le couvent de Nostra-Senhora da Penha exercent en vain sur lui tous leurs charmes, c'est à peine si les fêtes brillantes données à l'occasion du mariage de la reine Dona-Maria viennent un moment calmer ses ennuis ; et si les mille croquis de la tour de Belem, faits de tous les points de vue possibles, peuvent occuper agréablement ses loisirs.

Il eut volontiers troqué la cérémonie du baise-mains et

les réjouissances d'Almada contre une descente de quelques heures sur la côte africaine, dans une contrée bien sauvage.

De retour à Brest au commencement de l'automne 1835, il quitte peu après le *Nisus* pour embarquer sur la frégate la *Dryade*, où il est nommé, le 16 novembre 1835, aspirant de première classe ; et pendant deux années il visite l'Algérie, la Tunisie, le Maroc et l'Espagne.

Après ce nouveau voyage, il obtient quinze jours de permission pour embrasser sa famille, et reprend la mer le 6 novembre 1837 sur le vapeur *Météore* qui, affecté au service du littoral, le conduit plusieurs fois dans les ports français de la Méditerranée.

## II

## MEXIQUE — PREMIÈRE EXPÉDITION

L'aspirant Cloué embarque sur la *Gloire* et fait partie de l'escadre de l'Amiral Baudin. — Arrivée au Mexique : Sacrificios. — Négociations qui n'aboutissent pas ; *ultimatum*. — Prise du fort Saint-Jean d'Ulloa ; capitulation de Vera-Cruz. — Le général Santa-Anna trahit la convention relative à la ville et déclare la guerre ; — Descente des compagnies de débarquement de l'escadre dans Vera-Cruz. — Le jeune Cloué passe sur le brick *Oreste* et appartient à la station des Antilles. — Il est nommé au grade d'enseigne de vaisseau le 3 mars 1839.

En quittant le *Météore*, l'aspirant de première classe Cloué embarque le 14 janvier 1838 à Rochefort sur la frégate la *Gloire*[1], qui avait ordre de se rendre aux Antilles.

Après avoir séjourné trois longs mois sur la rade inhospitalière de l'île d'Aix dont le jeune marin fait de bien amères descriptions dans ses lettres, la frégate quitte enfin la France à la fin d'avril ; — mais elle ne devait pas continuer sans encombre sa route vers le Nouveau-Monde.

Dès sa première relâche, à Lisbonne, une dépêche du ministère vint enjoindre au commandant d'attendre des ordres, et quatre mois se passèrent dans cette désagréable situation.

Nous ne redirons pas les plaintes toutes de jeunesse de Georges Cloué qui accuse le destin de lui imposer Lisbonne à perpétuité ; la corvette à voiles la *Favorite* vint heureuse-

1. Commandant Lainé.

ment y mettre fin le 16 août en apportant à la *Gloire* l'ordre d'appareiller pour Cadix et d'y attendre l'escadre de l'amiral Baudin.

Partie de Brest le 1er Septembre, cette dernière se composait de la frégate la *Néréïde*, portant le pavillon amiral, de la corvette la *Créole*, commandée par le prince de Joinville, du brick le *Cuirassier* et du vapeur *Phaéton*, — elle se grossit à Cadix de la *Gloire*, de la frégate la *Médée*, du brick *Adèle*, et du navire à vapeur *Météore*.

Dès son arrivée à Cadix, l'amiral Baudin fit connaître par l'ordre du jour suivant le but de la campagne :

« Nous allons au Mexique. Depuis plusieurs années, nos compatriotes établis dans ce pays y ont été en butte à des vexations, à des outrages dont c'est le devoir de la France d'exiger réparation.

« Si cette réparation n'est pas obtenue, nous aurons la guerre ; que chacun de vous s'y prépare donc de tout son cœur, de toutes ses forces.

« Marins et soldats, redoublons d'activité, de bon ordre, de prompte obéissance. Ce sont là les vrais éléments de succès. Pour tout ce qu'exigent l'honneur et la dignité de la France, je compte sur vous comme vous pouvez compter sur moi.

« Charles BAUDIN. »

Le 11 septembre, toute la flotte appareillait pour l'Amérique, et après un mois d'heureuse traversée arrivait en vue de Cuba où la *Gloire* et la *Créole* devaient se séparer de l'armée pour aller à la Havane établir un service régulier d'envois de vivres à la division mouillée devant Vera-Cruz.

Huit jours de relâche suffisent à ces bâtiments pour remplir consciencieusement les ordres de l'amiral et le 1er novembre 1838, ils se présentent sur les côtes du Mexique. C'est le matin ; au-dessus de la brume enveloppante, et pourtant si légère, on aperçoit le pic d'Orizaba, le géant de la côte, dont la tête blanche domine les nuages ; puis la terre devient plus distincte et l'on découvre bientôt à l'horizon comme un brouillard blanc: le fort de *Saint Jean-d'Ulloa*. Enfin, après avoir longé l'île Verte, les navires mouillent, vers trois heures de l'après-midi, devant l'île de Sacrificios.

Le cœur du jeune aspirant battait bien fort ; il allait donc voir un pays nouveau et suivre sur la côte les traces de Fernand Cortès et de son armée victorieuse. Peut-être lui serait-il donné de rencontrer quelques restes de ces indigènes qui succombèrent malgré leur nombre et leur férocité sous les efforts d'une poignée d'aventuriers.

La mer et ses tempêtes, les années d'une longue traversée, s'effaçaient graduellement de sa mémoire, et la frégate n'avait pas encore terminé son mouillage que l'aspirant Cloué se préparait à bondir joyeusement à terre.

Il faut l'avouer cependant, l'aspect du pays n'était pas propre à le dédommager des privations supportées pendant quarante-cinq jours de mer. Les marins, après les orages et la monotonie d'un horizon éternellement le même, désirent une nature parée, coquette; — à Sacrificios rien de semblable; — un îlot bas, du sable apporté par les marées, quelques roseaux jaunis par un soleil ardent ! Partout une image de deuil, de désolation !

En moins de dix minutes, le jeune Cloué fit le tour complet de l'île ; et voilà quelle fut sa première promenade sur cette terre du Mexique que ses lectures d'enfant lui avaient montré si fertile et si belle. Il devait, trente ans plus tard, le revoir, pendant de longs mois encore, cet îlot de Sacrificios, terre de larmes, de chagrins, où bien des victimes viendraient prendre leur place à côté des tombes blanches éparses de tous côtés.

Dès son arrivée, l'amiral Baudin avait expédié à Mexico l'un de ses aides-de-camp, et le gouvernement lui avait demandé d'établir des *conférences* afin de terminer à l'amiable les différends survenus entre les deux pays ; il proposait la ville de *Jalapa* pour lieu de réunion.

L'amiral accepta ces ouvertures sans empressement, car malgré la demande du gouvernement mexicain, il jugeait la guerre imminente et inévitable. Mais, tout en croyant à la lutte, il ne s'en cachait pas les difficultés, les Mexicains pouvaient résister longtemps et avec des chances de succès, à une guerre d'invasion. Désireux cependant de montrer à tous sa modération dans cette affaire, il accosta le 15 novembre 1838, le môle de Vera-Cruz ; le fort de Saint-Jean-d'Ulloa, le salua de quinze coups de canon ; et dans la nuit, le marin plénipotentiaire fit route pour Jalapa.

Les bases qu'il devait présenter à la conférence et qui avaient été admises en principe pour les négociations étaient les suivantes :

1° Indemnité de 600.000 piastres pour réparation des dommages causés à la France ;

2° Engagement positif de la part du gouvernement mexicain de n'apporter et de ne laisser mettre désormais aucun entrave à l'acquittement régulier des créances françaises qu'il avait reconnues et qui se trouvaient en cours de paiement ;

3° Confirmation des déclarations de 1827, lesquelles donnaient à la France la jouissance pleine et entière du traitement de la nation étrangère la plus favorisée.

Comme les pourparlers se prolongeaient sans aboutir, l'amiral se décida à quitter Jalapa le 21 novembre, en adressant au ministre des affaires étrangères du Mexique la note suivante :

« Le contre-amiral soussigné, attendra devant Vera-Cruz jusqu'au *27 de ce mois à midi* la convention que Son Excellence doit lui faire parvenir. Si cette convention n'est pas conçue dans des termes complètement satisfaisants pour la France, c'est-à-dire dans ceux qu'il a lui-même indiqués, le soussigné considère alors comme un devoir de commencer les hostilités. »

Immédiatement après son retour à bord de la *Néréide*, l'amiral Baudin fit prendre à l'escadre toutes les dispositions de combat. Il demanda ensuite au général Rincon, commandant la ville, de reconnaître la neutralité de la *Fortune*, corvette qu'il désirait convertir en hôpital pour les blessés ; le général s'empressa d'accepter la proposition, et pria l'amiral de neutraliser, en compensation, dans la ville de Vera-Cruz, trois maisons à son choix qui seraient également désignées par un pavillon jaune que l'on arborerait sur la terrasse.

En même temps le prince de Joinville à la tête des embarcations de l'armée, où l'aspirant Cloué avait sa place avec le canot de la *Gloire*, allait sonder la baie de la Gallega qui s'étend au nord de Saint-Jean-d'Ulloa.

* * *

Le 27 novembre, au matin, le soleil se lève dans un ciel sans nuages, l'air est brûlant. Les signaux se multiplient le long des mâts ; la rade est sillonnée d'embarcations qui portent des ordres.

Bientôt les deux bâtiments à vapeur poussent leurs feux et appareillent pour se rapprocher des frégates qui doivent prendre part à la première attaque. Le *Météore* prend la remorque du navire-amiral *Néréïde*, tandis que le *Phaéton* reçoit les aussières de la *Gloire ;* quant à l'*Iphigénie* elle se rend à son poste à la voile.

Toutes trois se plaçent au N.-E. de Saint-Jean, à quatre ou cinq encâblures de distance de la forteresse et s'embossent beaupré sur poupe dans une ligne courant à peu près nord et sud, — l'*Iphigénie* au nord, la *Gloire* au sud et la *Néréïde* au centre.

La *Créole*[1] à ce moment, louvoye dans le N.-E. du fort, loin de la portée des canons, pour observer la direction des bombes, et faire rectifier le tir de nos pièces.

Le plus grand enthousiasme règne à bord des navires, et le jeune Cloué qui a pris son poste sur les gaillards, éprouve cet énivrement électrique qui précède toujours le combat.

A deux heures trente, le signal de *commencez le feu* est hissé à bord de la *Néréïde*, et à deux heures quarante il descend majestueusement. Un nuage de fumée enveloppe les trois frégates ; un puissant cri de : « Vive le roi ! » se fait

1. Commandée par le prince de Joinville, capitaine de corvette.

entendre, précédant d'une seconde l'imposante détonation de cent bouches à feu, et le fort reçoit une grêle de boulets. — La guerre était commencée.

« Nos pièces ont été servies avec une promptitude extraordinaire. Jamais feu, dit l'amiral Baudin, ne fut plus vif et mieux dirigé que le nôtre, et je n'ai eu à prendre souci que d'en modérer l'ardeur. »

Rien ne pourra mieux donner une idée de l'entraînement de nos canonniers que le passage d'une lettre de l'aspirant Cloué à sa famille :

« La chaleur déjà très forte, était plus que doublée par le feu des canons; on avait disposé à bord de la *Gloire* des bailles d'eau et de vin pour que les combattants puissent se rafraîchir, et malgré les invitations de leurs officiers, aucun chef de pièce ne voulut quitter son poste. »

Vers trois heures et demie, le prince de Joinville signala qu'il demandait la permission de prendre part au combat; l'autorisation lui fut aussitôt accordée, et la *Créole* vint mouiller à son nouveau poste en recevant un boulet de trente qui traversa les appartements du commandant.

A quatre heures vingt, la tour des signaux, élevée sur le cavalier du bastion de Saint-Crispin que la corvette canonnait sauta en l'air; — il y avait déjà eu trois explosions de magasins à poudre dans l'ouvrage; une quatrième se produisit vers cinq heures, et à partir de ce moment, l'artillerie ennemie cessa peu à peu de riposter.

Au coucher du soleil, l'amiral donna l'ordre aux frégates de reprendre un poste sûr pour la nuit, et la *Gloire* fut remorquée par le *Météore* à son mouillage de la veille.

Pendant que les bâtiments couverts de nombreuses et honorables blessures se réparaient activement pendant la nuit, deux parlementaires mexicains arrivèrent à bord de la *Néréïde* pour demander une suspension d'hostilités sous le prétexte de retirer les blessés et les morts des amas de décombres.

Mais l'amiral, convaincu du découragement des troupes

ennemies et de la nécessité où elles étaient d'accepter ses conditions, ne voulut pas l'accorder.

L'ordre du jour qu'il communiqua dans l'escadre à onze heures du soir se termine par ce paragraphe qui résume sa réponse au commandant de Saint-Jean-d'Ulloa :

« L'amiral a exigé que la forteresse se rendit demain à la pointe du jour, et a dicté les termes d'une capitulation ; si cette capitulation n'est point acceptée, la flotte continuera demain son œuvre de destruction. »

Le soleil du 28 novembre se leva radieux comme la veille, et à sept heures la *Gloire* reprit son poste de combat ; mais à huit heures et demie, les officiers mexicains apportèrent la capitulation du général Gaona. Malgré l'impossibilité où il se trouvait de résister, il avait été long à se résigner, car il était douloureux pour lui de se rendre après un seul combat ; la capitulation signée était conçue en ces termes :

« 1° La forteresse de Saint-Jean-d'Ulloa sera occupée aujourd'hui 28 à midi par les troupes françaises ;

« 2° La garnison sortira de la place avec armes et bagages et tous les honneurs de la guerre ; les officiers, sous-officiers et soldats prendront l'engagement d'honneur de ne pas servir contre la France avant huit mois à compter de ce jour ;

« 3° L'amiral français s'engage à faire soigner les blessés de la garnison par ses chirurgiens, et à les faire traiter comme les blessés français. »

Toutes les embarcations de l'escadre furent envoyées à l'embarcadère du fort, et l'aspirant Cloué, dans la chaloupe de la *Gloire*, prit part au transport à Vera-Cruz de la garnison valide.

A une heure et demie, l'artillerie de marine en grande tenue fut envoyée pour prendre possession du fort ; sitôt que l'on fit flotter dans les airs le pavillon national, tous les équipages s'élancèrent dans la mâture et les trois cris réglementaires de « Vive le Roi ! » annoncèrent que la forteresse, prétendue inaccessible, du Nouveau-Monde, était tombée en notre pouvoir. Vingt et un coups de canons tirés par tous les navires complétèrent ce salut militaire dont le souvenir vécut et vivra longtemps dans la mémoire des marins présents.

Pendant les trois heures et demie qu'avait duré le combat, les navires engagés, présentant à l'ennemi un front de quatre-vingt-seize bouches à feu, avaient lancé trois cents deux bombes, cent soixante-dix-sept obus, sept mille sept cents soixante-et-onze boulets, et réduit une forteresse qui montrait cent quatre-vingt-six pièces en batterie avec sept mortiers, et passait pour absolument inexpugnable.

Les ravages causés étaient indescriptibles, et la garnison de onze cents artilleurs et soldats, avait perdu la moitié de ses défenseurs.

Le même jour, le général Rincon, commandant à Vera-Cruz, signa une convention par laquelle il s'engageait à ne conserver dans la ville qu'une garnison de police de onze cents hommes, en attendant l'arrangement des différends survenus entre la France et le Mexique, et à laisser les troupes du fort s'approvisionner régulièrement de vivres frais à terre.

La garnison actuelle devait quitter Vera-Cruz dans les vingt-quatre heures et s'en éloigner à dix lieues au moins.

* * *

On se flattait en vain que la prise Saint-Jean-d'Ulloa ferait ouvrir les yeux au gouvernement mexicain; une guerre d'invasion ne lui faisait pas peur. Il savait bien quelles difficultés entraîne le transport d'une armée à deux milles lieues sur mer, — et puis, il y a si loin de Mexico à Vera-Cruz!

La prise de la forteresse produisit d'abord une stupeur générale; dans le premier moment, le cri de trahison fut prononcé : *Lo han tomado los Franceses con balas de plata!* (Les Français l'ont pris avec des balles d'argent!); puis la rage du gouvernement s'abattit sur les Français résidants dans l'intérieur du pays.

Le 4 décembre, la plus grande partie de l'escadre était

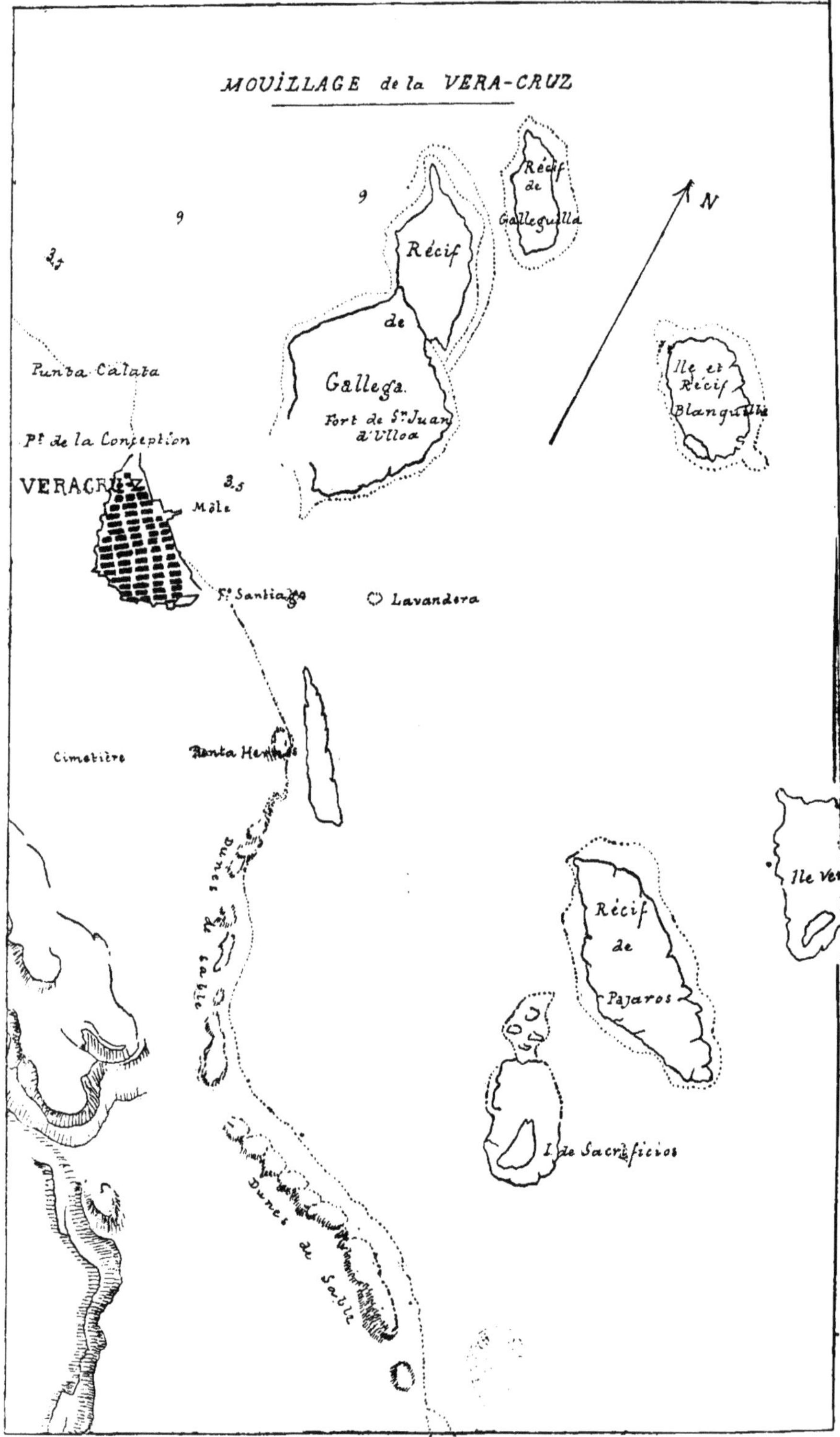
MOUILLAGE de la VERA-CRUZ
9
9
3,5
Récif de Galleguilla
Récif
de
Gallega.
Fort de St Juan d'Ulloa
N
Ile et Récif Blanquilla
Punta Calata
Pt de la Conception
VERACRUZ
3,5
Môle
Ft Santiago
Lavandera
Cimetière
Dunes de sable
Dunes de Sable
Récif de Pajaros
I. de Sacrificios

mouillée à l'île Verte; et trois légers navires seulement (dont la *Créole*) stationnaient devant la ville, quand l'amiral Baudin apprit que les Français et même tous les étrangers étaient maltraités dans Vera-Cruz et se réfugiaient en hâte à Saint-Jean-d'Ulloa.

En effet, Santa-Anna, nommé gouverneur du district par le président Bustamente, après avoir essayé d'enlever nos soldats isolés, et failli surprendre par trahison le prince de Joinville, venait d'annoncer que la convention du général Rincon n'était pas ratifiée par son gouvernement, et que la guerre était déclarée à la France.

L'amiral lui répondit aussitôt :

« ..... Je pourrais dès à présent user de ma force, pour vous contraindre à vous retirer avec les troupes que vous avez introduites dans la ville au mépris de ladite convention signée pour huit mois; mais j'ai pitié d'une ville malheureuse qui n'a déjà que trop souffert, et je ne veux pas, en la détruisant, causer de nouvelles infortunes à une population innocente des erreurs de son gouvernement..... »

En un instant, l'amiral détermina ce qu'il avait à faire. L'ordre fut donné à l'escadre d'expédier pendant la nuit les embarcations portant les compagnies de débarquement avec des échelles et des pétards. Le but de l'expédition était d'enlever les deux forts qui flanquent la ville dans l'Est et dans l'Ouest et de faire prisonnier le général Santa-Anna.

« Les canons seront culbutés ou jetés par-dessus les remparts, disait l'ordre, les affûts brisés à coups de hâche. Les hommes marcheront l'arme au bras sans faire feu, à moins qu'ils n'y soient absolument contraints. »

Une brume épaisse causa un retard de plus de deux heures, mais elle favorisa néanmoins le débarquement. Le jeune Cloué faisait partie de la colonne de droite, commandée par le capitaine de vaisseau Laîné; cette colonne escalada le fort Conception, armé de treize canons et deux mortiers, et délogea les troupes de trois bastions du côté de la porte de Mexico.

La colonne de gauche, sous les ordres de Parseval Deschênes enlevait le fort San-Iago, culbutait la garnison, et entrait dans la ville en enfonçant la poterne du Rastrillo.

Pendant ces exploits, la colonne du centre, avec le prince de Joinville, descendait au môle, enfonçait une porte, attaquait le quartier général et ne manquait que d'un instant Santa-Anna qui prit la fuite.

Toutes les pièces, comme le commandait l'ordre, avaient été culbutées et enclouées; — le général Arista et tout l'état-major de Santa-Anna étaient prisonniers; — il n'y avait plus qu'à se rembarquer; mais le prince de Joinville voulut se porter contre une caserne d'où l'on tirait sur la colonne de gauche; et dans cette attaque sans succès nous perdîmes inutilement de braves gens.

Dans une lettre à sa mère, le jeune aspirant Cloué écrit : « ..... Quant à moi, j'ai eu de la chance de m'en tirer, et je te réponds que chacun de nous a joliment entendu siffler les balles à son oreille, lorsque nous cernions la caserne; — on ne pouvait pas traverser une rue sans être fusillé. J'avais l'honneur de servir d'aide-de-camp et j'étais forcé de courir de tous côtés pour porter des ordres, cela aurait fort bien pu me valoir une patte cassée comme à plusieurs malheureux camarades qui sont maintenant sur le flanc.

« Dans toute cette affaire, comme dans l'attaque du fort, le prince de Joinville s'est conduit bravement, il s'exposait beaucoup, ce qui n'amusait pas l'amiral qui est pour ainsi dire responsable de sa personne. C'est le prince qui a voulu s'entêter à attaquer la caserne et par là, nous a fait perdre beaucoup de monde..... »

Le but principal étant rempli, l'amiral, sans plus s'obstiner à une prise qui n'avait point d'importance, ordonna le rembarquement. Les dernières embarcations eurent à soutenir une vive fusillade ; mais elles étaient protégées par les canons des chaloupes, et au départ du dernier canot, quand *Santa-Anna* voulut faire une sortie pour tirer sur l'amiral et tous les commandants que portait cette embarcation, un coup à mitraille mit le désordre dans sa troupe et lui cassa un bras et une jambe.

Il y eut de notre côté douze tués et soixante blessés dans cette journée si vaillamment employée ; mais Vera-Cruz avait ses fortifications ruinées et quatre-vingt-deux pièces mises hors d'état de service ; on n'avait laissé debout que celles qui avaient été placées dans les églises, pour ne pas profaner ces édifices.

En parlant de ces deux opérations, lord Wellington fit remarquer à la Chambre des lords que la prise de Saint-Jean-d'Ulloa est le seul exemple de la soumission d'une place par une force purement navale.

Le fort en notre possession et la ville de Vera-Cruz désarmée, ne permettant plus aux mexicains d'entreprendre aucune démarche hostile contre notre escadre, l'amiral Baudin résolut de transporter ses navires à l'excellent mouillage d'Anton-Lizardo pour y prendre les précautions que la saison avancée rendait indispensables. Et bientôt, le 16 décembre, ceux des bâtiments dont la présence n'était plus nécessaire sur les côtes du Mexique, reçurent l'ordre, les uns de rentrer en France, et les autres de regagner les stations qui les avaient fournis.

Le jeune Cloué, qui, depuis quelques jours remplaçait sur le brick l'*Oreste* un officier décédé, fut obligé de suivre le sort de son navire et partit pour la station des Antilles.

Le 5 janvier 1839 il était à la Havane, et à la fin du mois à la Martinique, où ses lettres nous le montrent complètement séduit par le charme de la végétation luxuriante des Tropiques.

C'est pendant son séjour aux Antilles qu'il reçoit la récompense de sa conduite dans les évènements du Mexique ; sa lettre de nomination, signée de l'amiral de Rosamel, est conçue en ces termes :

Paris, 9 mars 1839.

« Le roi, Monsieur, sur le compte que je lui ai rendu de la conduite distinguée que vous avez tenue dans le bombardement de Saint-Jean-d'Ulloa et le combat qui a eu lieu dans les mers de Vera-Cruz, a bien voulu vous en accorder la récompense en vous conférant au choix le grade d'enseigne de vaisseau par ordonnance du 6 de ce mois. »

A la fin de juin, l'*Oreste* quittait Basse-Terre, pour se rendre aux États-Unis et pénétrant dans l'admirable baie de Chesapeake, venait dans l'embouchure du James-River mouiller à Norfolk.

Le jeune enseigne, poussé par le désir de voir du nouveau, profite des quelques jours de relâche pour visiter Richmond, Washington et Baltimore, et consigne dans des récits pleins d'humour ses incidents de voyage.

Enfin, le mois d'août le ramène à Brest, plus satisfait que jamais, de la carrière qu'il a choisie et désireux de reprendre bien vite le cours de ses voyages au loin.

---

# III

## CAMPAGNE DANS LA MER DES INDES — CAPTURE DU POCHA — AFFAIRE DE TAMATAVE

L'enseigne de vaisseau Cloué embarqué sur la gabarre la *Prévoyante* et fait la campagne de l'Océan-Indien. — Capture du brick négrier-pirate le *Pocha*. Le jeune Cloué est chargé de conduire la prise à Bourbon. — Ses travaux hydrographiques sur la côte de Madagascar. — Pêche aux coquillages. — Voyage dans l'Inde et dans la mer Rouge. — La *Prévoyante* rentre en France. — L'enseigne de vaisseau Cloué embarque sur le *Berceau*, et retourne dans l'Océan-Indien où il est chargé de toutes les reconnaissances hydrographiques. — Pendant cette campagne il prend part à l'attaque du fort de Tamatave. — Cloué est nommé chevalier de la Légion d'honneur et passe peu après lieutenant de vaisseau. — Il quitte le *Berceau* pour la *Belle-Poule*. — Naufrage du *Berceau*.

Jaloux de justifier la distinction dont il venait d'être l'objet, l'enseigne de vaisseau Cloué demanda et obtint la faveur de reprendre la mer de suite. Il quitta donc l'*Oreste* le 19 septembre 1839, pour embarquer sur la gabarre la *Prévoyante* (commandant Jehenne) qui allait faire route pour Saint-Denis et stationner dans l'Océan Indien.

Les trois années qu'il passa sur ce navire furent pour lui des plus actives et des mieux employées. Studieux et observateur comme il l'était, il put retirer de cette campagne une connaissance approfondie des peuplades malgaches et sakalaves, et commencer les travaux hydrographiques qui devaient plus tard illustrer son nom.

Il avait toujours dans sa poche un petit carnet sur lequel

il mettait ses observations, il fixait sa pensée, ses réflexions, les idées jaillissant tout à coup de son cerveau et lui paraissant dignes d'être conservées.

Ce fut ainsi qu'il parcourut successivement la Grande-Ile et ses annexes Nossi-Bé, Mayotte, les Comores et qu'il assista au développement de l'influence française dans ces parages. Les notes très complètes qu'il a laissées sont pleines de détails intéressants et d'aperçus politiques ou philosophiques, qui montrent la sûreté de son jugement et la finesse de ses observations.

Le désir de se rendre compte de tout ce qu'il voyait est d'ailleurs un des traits saillants de son existence, car partout il sut compléter par des études littéraires et scientifiques une vie pleine d'action et de mouvement.

De toutes les carrières, la marine seule a le privilège de découvrir ainsi à l'esprit d'un jeune homme des horizons les plus vastes et les plus variés. C'est bien celle qui parle le plus à l'imagination ; elle éveille dans l'âme l'idée de l'immensité, des lointains voyages, des îles fameuses, des séparations, des exils, des dangers fréquents, en un mot tout ce qu'il y a de plus grand dans le spectacle de la nature et de plus amer dans les sacrifices du cœur. Plus elle appelle le péril, plus elle exige de mérite et plus elle a de poésie, d'attraits puissants !

Le caractère du jeune Cloué se fortifia et s'éleva au milieu des épreuves de sa vocation ; et dans la solitude du bord, pendant les longues heures de quart passées à la clarté des étoiles, alors qu'il méditait sur tout ce qu'il avait vu, il acquit rapidement une connaissance précoce des choses.

Or, le 5 avril 1840, tandis que la *Prévoyante* était en relâche à Nossi-Bé, un brick de commerce portant pavillon portugais vint mouiller dans la même rade d'Hellville. Le capitaine descendit aussitôt à terre et annonça dans le plus grand secret aux chefs Sakalaves qu'il était un négrier espagnol venant de Mozambique sous pavillon étranger et qu'il avait l'intention d'acheter quelques noirs dans le pays. Puis, au retour, il accosta la corvette et dans sa visite accabla le commandant Jehenne de toutes les plus vives marques de sympathie pour la France ; lui déclarant en même temps que le brick était venu à Nossi-Bé pour y compléter simplement son chargement de riz. Le commandant, désireux de répondre à des démonstrations aussi courtoises envers nos compatriotes, invita le Portugais à dîner pour le lendemain, ce qui fut accepté avec joie ; mais lorsqu'il parla de son intention de rendre au capitaine sa visite, notre homme se montra fort embarrassé.

Le lendemain, quand le jour parut, le brick fut signalé au loin, naviguant sous toutes voiles pour s'élever au vent ; il avait appareillé dans la nuit, et comme il possédait une marche supérieure à la *Prévoyante,* il n'y avait rien à tenter.

Le bruit se répandit bientôt que le navire portugais avait mouillé peu de jours après dans une anse du nord de l'île, et que là, son équipage étant descendu à terre bien armé, avait enlevé huit Sakalaves dans un village et tué ceux qui avaient résisté ; le brick avait ensuite hissé l'ancre et disparu.

La corvette française, ne pouvant poursuivre le coupable, quitta Hellville le 15 août avec une ambassade de la reine TSIMÉKO et de l'AMPANDJAKA TSIMIARHOU, qui avait pour mission d'aller à Bourbon, offrir à la France l'île de Nossi-Bé et de demander que le contre-amiral de Hell, gouverneur de la Réunion, en prît possession le plus tôt possible au nom du roi.

* * *

La *Prévoyante*, avant de faire route pour Saint-Denis avait à visiter les îles Nossi-Mitsioù et Mayotte ; elle atteignit cette dernière le 23 août et apprit, à peine arrivée, qu'un brick portugais, mouillé près de la ville, était parti en toute hâte à l'approche du bâtiment de guerre pour aller se cacher derrière une pointe de la côte N.-E.

Le commandant Jehenne voulut se lancer à sa poursuite et demanda au prince ANDRIAN-SOULI un pilote pour lui indiquer les passes du Nord, assez peu connues à cette époque. Le chef arabe qui était en marché avec le Portugais pour lui livrer des esclaves, prétexta qu'il n'avait en ce moment personne auprès de lui connaissant les écueils, — que ces passes étaient très dangereuses et peu fréquentées même par les gens du pays.

La *Prévoyante* appareilla donc sans pilote, et après un heureux louvoyage aperçut sans trop tarder le brick, sur le pont duquel s'agitaient quelques hommes armés. En un clin-d'œil la corvette fut en branlebas de combat et vint laisser tomber l'ancre à une encâblure du navire et par son travers. Chemin faisant, les officiers virent avec leur lunette, qu'on jetait à la mer de la partie opposée du brick, des objets lourds et noirs, qui, en tombant, faisaient jaillir l'eau à une grande hauteur; puis des matelots tirèrent de nombreux seaux qui furent jetés avec force contre les flancs du navire comme pour le laver.

Les idées que fit naître, dans l'esprit de tous, cette occupation si peu ordinaire à trois heures de l'après-midi furent tellement atroces, que le commandant se hâta d'expédier une embarcation avec l'enseigne de vaisseau Cloué pour visiter le bâtiment. De retour à bord de la *Prévoyante* une demiheure plus tard, il rendit ainsi compte de sa mission :

Le navire se nommait le *Pocha,* capitaine Perez da Costa Vianna; — il avait été régulièrement expédié de Mozambique le 25 juin pour se rendre en route directe à La Havane, et non pour faire la traite. Son équipage se composait de quarante-cinq hommes robustes et déterminés, il y avait en outre à bord dix-sept marins provenant d'un navire naufragé, lesquels retournaient en Espagne; — en tout soixante-deux hommes pour la manœuvre. La cargaison consistait en deux cent vingt nègres, tant hommes que femmes, entassés dans le faux-pont.

Après avoir examiné les papiers qui lui semblèrent en règle, autant du moins qu'il put en juger avec sa faible connaissance de la langue portugaise, le jeune Cloué procéda à la visite du navire. Dans les cabines de l'arrière, ses recherches découvrirent une caisse d'armes contenant cinquante fusils avec baïonnettes, des sabres, des pistolets, des gibernes;

deux canons se trouvaient aussi sous le gaillard d'avant; enfin, il fit au capitaine la remarque que son bâtiment était en outre percé de seize sabords, aménagés pour recevoir d'un instant à l'autre une forte artillerie, et faire la course. Le Portugais répondit que le *Pocha* était un ancien brick de guerre américain nommé l'*Iturbide*, capturé près de Saint-Jean-d'Ulloa par les croiseurs de l'amiral Baudin, en 1838, — vendu ensuite à un négociant français sous le nom d'*Artagull;* — puis enfin nommé *Pocha*, après avoir subi un nouveau propriétaire qui n'avait pas voulu faire la dépense de supprimer les boucles et les pitons destinés aux pièces.

La cale était remplie de noirs paraissant tranquilles; mais sur l'avant, les soutes étaient fermées par plusieurs barres de fer, à travers lesquelles on voyait surgir des têtes d'hommes. Le capitaine assura que c'étaient des nègres méchants qu'il avait été obligé de mettre aux fers et de séparer des autres, et il offrit d'en ouvrir immédiatement les portes.

Ces prisonniers attirèrent bien vite l'attention de l'officier de corvée, par le contraste frappant entre leur apparence vigoureuse et l'aspect chétif et misérable des noirs de l'entre-pont; — de plus, pendant que le Portugais avait le dos tourné, deux d'entre eux firent à l'enseigne, avec les yeux et avec la tête, des signes particuliers qui se renouvelèrent plusieurs fois. Sans qu'il fût possible d'en interpréter le sens, ces signaux ne pouvaient guère avoir d'autre but que de révéler un secret; — la présenee de ces malheureux cachait un mystère qu'ils n'osaient dévoiler, craignant la vengeance de leur tyran.

En conséquence, le jeune Cloué pria le capitaine et son second de l'accompagner à bord de la *Prévoyante* avec les papiers du bord, sous prétexte qu'il ne comprenait pas assez la langue portugaise pour les examiner à fond; puis il revint de suite sur le brick, où les prisonniers poussèrent, en le voyant seul, des acclamations de joie.

Interrogés par l'interprète, ils répondirent qu'ils n'avaient pas été achetés par le capitaine, mais bien enlevés par lui sur la côte de Nossi-Bé avec les canots qu'ils montaient. Ils devaient être vingt-deux Sakalaves ou Arabes prisonniers, — on n'en put retrouver que dix-sept.

L'enquête se continuant, démontra que les gens du brick avaient en outre capturé à Pomba, un grand boutre chargé d'esclaves, et que pour cacher cet acte de piraterie, ils avaient coulé le navire.

Suffisamment édifié sur le passé criminel du *Pocha*, le commandant Jehenne déclara au Portugais qu'il saisissait leur navire et en fit prendre possession par l'enseigne de vaisseau Cloué, avec dix marins armés. La nuit approchait, il était urgent de se hâter si l'on voulait terminer sans danger l'amarinage. Pendant que le jeune Cloué faisait embarquer dans les canots de la corvette les caisses d'armes trouvées sur le brick, et donnait l'ordre d'expédier quinze des hommes les plus vigoureux de l'équipage à bord de la *Prévoyante*, une seule lumière éclairait le pont, il était impossible d'obtenir du silence, et les matelots du *Pocha* faisaient de vives difficultés pour s'embarquer.

Un matelot français qui parlait très bien l'espagnol vint à ce moment rendre compte qu'il avait entendu dire derrière lui : « S'ils ne sont pas plus nombreux que cela nous pourrons facilement nous en débarrasser cette nuit avec nos couteaux. »

Comme l'obscurité était compacte et qu'on n'arrivait à rien, l'enseigne héla la *Prévoyante*, et demanda du renfort. Ce ne fut pas sans peine que l'on parvint à désarmer tout le monde ; les uns se réfugiaient dans la mâture, les autres tenaient ouverts leurs couteux-poignards et poussaient des cris de fureurs ; — après quelques heures de chasse, les quinze hommes furent enfin envoyés sur la corvette et le reste de l'équipage gardé à vue.

Le 25 août, les préparatifs de départ étant terminés, les deux bâtiments, *Prévoyante* et *Pocha*, mirent à la voile pour naviguer de conserve vers la Réunion.

Le soir du premier jour, alors qu'ils louvoyaient pour franchir la passe du Nord, ils tombèrent tous deux sur des coraux non portés sur les cartes et que la faiblesse de la brise empêcha d'éviter au dernier moment. La mer descendait, il fallait donc rester échoué jusqu'au lendemain matin, aussi se dépêcha-t-on de béquiller les navires.

A neuf heures du soir, à peu près au moment de la basse mer, la béquille de tribord du *Pocha* brise le corail sur lequel elle est appuyée et le navire tombe lourdement sur le côté en faisant entendre un horrible craquement ; — les noirs de la cale sont jetés à tribord, pêle-mêle, les uns sur les autres, et se croyant à leur dernière heure, ils poussent des cris affreux. Ce n'est pas tout encore, pendant que l'enseigne Cloué prend ses dispositions pour alléger le brick, les Portugais s'enivrent et refusent de manœuvrer ; les noirs s'emparent d'un marin français, le jettent à la mer, et l'empêchent de remonter à bord. Il était urgent de faire un exemple : trente coups de corde furent successivement distribués aux plus mutins, et le calme reparut.

Tant de monde, sur un navire ennemi, où l'équipage français ne comptait que dix hommes, et où le service régulier n'était pas installé, ne pouvait manquer de produire grande confusion.

Les deux navires sortirent heureusement de cet échouage, mais pour atteindre Saint-Denis, la traversée fut longue et pénible. Longue, car la force des courants et aussi la ténacité des vents contraires les obligèrent à remonter jusqu'aux Seychelles ; pénible à cause de la surveillance continuelle nécessitée par le nombre des prisonniers plus fort que celui des marins français.

Et cependant, sans les matelots portugais, il était impossible de naviguer avec le détachement seul de la *Prévoyante*. Il fallait donc les faire travailler, et par conséquent leur laisser les couteaux à gaîne. Afin de compenser ce que cette mesure avait de dangereux, Cloué arma les dix-sept sakalaves de couteaux semblables, avec recommandation de ne jamais hésiter à s'en servir.

Quant au jeune commandant, il dut suffire pendant trente-quatre jours à toutes les veilles de nuit ; — lorsqu'il voulait prendre du repos, il s'étendait tout habillé et armé, avec un sakalave devant la porte de sa cabine.

Enfin, le brick arriva le 1er octobre à Bourbon; — l'équipage souffrait grandement de la mauvaise nourriture qu'on était obligé de lui donner, il n'y avait même plus de biscuit depuis longtemps; — la dysenterie accablait les noirs de traite, le *Pocha* en avait perdu douze pendant la traversée, et beaucoup d'autres succombèrent en arrivant. On se hâta de mettre le navire en quarantaine, pour vingt jours.

Le 9 novembre 1840, l'aventure était close, et l'enseigne Cloué regagnait la *Prévoyante* en remettant le commandement du *Pocha* à un lieutenant de vaisseau chargé de le ramener en France. Mais le contre-amiral gouverneur De Hell, lui écrivait:

« J'ai déjà eu le plaisir de vous exprimer verbalement ma satisfaction pour les services que vous avez rendus pendant que vous commandiez le navire le *Pocha*. Je tiens cependant à vous réitérer par écrit ce témoignage de l'intérêt que vous méritez autant par votre conduite distinguée que par l'intelligence dont vous avez fait preuve. »

* * *

La *Prévoyante* quitta peu de jours après la Réunion pour aller reprendre la surveillance des côtes de Madagascar, et nous voyons l'enseigne Cloué se livrer avec entrain aux travaux hydrographiques pour lesquels il avait une prédilection toute particulière.

« Comme observateur et dessinateur, écrit au ministre le commandant Jehenne[1], Monsieur Cloué se fait remarquer; il a pris une grande part aux levés hydrographiques que j'ai été chargé d'exécuter, et c'est à lui tout particulièrement qu'ont été confiées les stations les plus importantes de la triangulation. »

Le commandant Jehenne était un chef intelligent, un

1. Plus tard amiral.

marin accompli qui, comprenant les étonnantes dispositions du jeune officier, sut diriger son ardeur et perfectionner ses aptitudes. Et sous un pareil maître, Cloué ne tarda pas à prendre rang parmi les officiers d'avenir, qu'un jugement précoce rendait apte aux missions les plus délicates.

Sa grande distraction, ses plus chers loisirs étaient de se livrer à la recherche des coquillages, très abondants en ces pays.

« A l'instant de la basse-mer, — raconte-t-il, dans ses lettres à sa famille, — le docteur Petit (médecin-major de la corvette) et moi, nous nous rendons sur les récifs en tenue..... convenable, c'est-à-dire avec de vieux souliers et de vieux pantalons; — d'un main nous tenons un parasol, et de l'autre nous fouillons le sable. Presque toujours, nous revenons avec quelques coquillages nouveaux. J'en ai déjà dix caisses bien aménagées. Il m'arrive d'en acheter aussi beaucoup aux Malgaches et aux Sakalaves qui me les vendent en échange d'une aiguille, d'un hameçon ou d'un bouton d'uniforme. »

C'était une vraie passion ! passion de jeunesse, si l'on en croit une autre lettre, pleine de verve, écrite plus tard du Mexique à son vieux camarade.

« ..... Vous me rappelez nos chasses aux coquilles; j'étais alors un solide gaillard. Quelle santé!..... mais il y a vingt-cinq ans de cela..... La pêche aux coquilles, ah bien oui! je n'en veux plus voir à présent, vous ne m'en feriez pas ramasser pour je ne sais quoi : les idées changent terriblement avec l'âge..... »

Le 3 octobre 1841, la *Prévoyante* partit enfin pour le Nord, toucha pendant quelques jours à Mahé, et jeta l'ancre à Bombay, le 4 novembre au soir.

L'Inde, dont il avait lu tant de descriptions dans son enfance, charma profondément le jeune marin, et lui fit percevoir un je-ne-sais-quoi d'étrange et de merveilleux qui jeta son imagination dans des régions inconnues.

Dès que son service lui permettait quelques heures de liberté, il aimait à parcourir le pays si nouveau pour lui, et à se sentir une partie de ce tableau plein da mouvement et de lumière. Tout l'intéresse, depuis le modeste banian, le misérable fakir, jusqu'au riche Hindou avec ses équipages, ses palanquins et ses nombreux esclaves ; — et dans les notes qu'il a laissées, nous suivons sa nature toujours alerte et heureuse de voir, d'apprendre des choses nouvelles.

Ces notes, dont nous venons de parler, ne sont que des ébauches, des travaux commencés, des observations ou simplement des pensées ; — mais les réflexions, toujours des plus justes, nous montrent l'étendue de cet esprit travailleur. Rien n'est omis, dans les descriptions ; — il nous parle avec détails des riches pagodes qu'il visite, des sectes multiples qu'il rencontre ; — il décrit la vie de tous, sans oublier les plus petites choses, et nous y reconnaissons jusqu'à cette odeur de sandal et de parfums subtils — mêlée aux émanations particulières de chacun — que l'on découvre, répandues à profusion dans les rues de Bombay.

De cette ville, la *Prévoyante* se rendit à Aden, et après avoir montré le pavillon français sur les côtes d'Abyssinie, vint mouiller à Moka, où elle séjourna plusieurs mois. Le commandant Jehenne avait mission de se procurer les échantillons des meilleurs cafés pour renouveler les plantations de Bourbon, de la Martinique et de Cayenne, dévastées par la maladie.

Dans ce but, il voulut faire pénétrer un officier et un botaniste dans l'intérieur de l'Yémen ; mais le shériff — qui avait très volontiers reçu les cadeaux donnés à l'arrivée de la corvette, et promis alors tout ce que l'on demandait, — refusa bientôt de protéger le petit détachement à plus de dix lieues de la ville. Ce fut donc à grand'peine, en perdant beaucoup de temps, que l'on peut réunir les grains indispensables. Quant à l'enseigne de vaisseau Cloué, il mit à profit ces longs retard pour dresser le plan de la rade et des environs de Moka.

La *Prévoyante*, chargée de la précieuse denrée, repartit ensuite, pour la distribuer dans les trois colonies qui en avaient si sérieusement besoin. Le 30 mai 1842, elle mouillait à Bourbon ; puis doublant le cap de Bonne-Espérance, elle atteignait Fort-de-France, le 25 septembre de la même année.

Enfin, après plus de trois ans d'absence, la corvette rentrait à Lorient, le 10 décembre 1842 en passant par Saint-Thomas, Porto-Rico et Haïti.

A la fin de cette active campagne, le jeune Cloué avait bien acquis le droit de se reposer quelque temps ; il demanda et obtint, le 8 janvier 1843, un congé de six mois à deux tiers de solde, qu'il s'empressa d'aller passer à Paris, dans sa famille.

Rappelé à Brest, son port d'attache, il embarqua presque immédiatement (le 2 août 1843), sur le vaisseau le *Scipion*, dans la division navale du Nord ; puis le 1er mars suivant, sur le *Neptune* qu'il quitta vingt jours plus tard pour faire partie de l'état-major de la corvette le *Berceau* (commandant Romain Desfossés)[1] destinée à l'Océan Indien.

* * *

Chargé spécialement par son commandant de toutes les reconnaissances hydrographiques dans la mer des Indes, Cloué parvint à compléter pendant sa nouvelle campagne les cartes, si défectueuses alors, que nous avions de ces parages.

Le comité du Dépôt des cartes de la marine, dans plusieurs de ses séances, a rendu un hommage flatteur au zèle et au talent déployés par le jeune officier. « Nous ne possédions sur l'île de la *Réunion* qu'une carte à petits points, — dit le procès-verbal du 14 décembre 1848, — M. Cloué est venu y ajouter neuf plans particuliers, et a tracé avec détails, le contour de l'île entière. Toutes les personnes qui connaissent l'île de la Réunion savent combien l'agitation continuelle de la mer y rend difficiles et pénibles les travaux hydrographiques, M. Cloué et ses collaborateurs ont heureusement triomphé de toutes ces difficultés et rendu un grand service à la navigation, en comblant une lacune importante de notre hydrographie.

1. Qui devint vice-amiral.

« Après cette reconnaissance de l'île Bourbon, le travail le plus utile de M. Cloué est le plan de Mahé aux Seychelles. Nous ne possédions qu'un croquis incomplet de cet important mouillage ; en quelques jours seulement il a sondé la rade et le port ; sa carte a paru au comité utile à être publiée de suite.

« Nous ne ferons que citer les autres plans levés par cet officier ; ce sont : l'anse de *Cola-Bé*, à la partie orientale de l'île Sainte-Marie de Madagascar — quelques rectifications de contours de cette île, — la baie d'*Antongil*, — la rade d'*Anjouan*, — le plan de *Noheli* (Comores), — et enfin la baie de *Passandava*.

« Monsieur Cloué avait déjà concouru sous les ordres et la direction de M. Jehenne à la reconnaissance de Mayotte, de Nossi-Bé et autres localités ; il s'était initié près de cet officier supérieur aux véritables méthodes hydrographiques et les a fort habilement employées dans tous les travaux dont il a été chargé. »

Ce fut aussi pendant cette campagne dans l'Océan Indien que le jeune Cloué prit part à la malheureuse attaque de Tamatave.

Au commencement de l'année 1845 la situation des Européens était devenue intolérable à Madagascar ; les désastres de l'expédition Gourbeyre, en 1829, avaient donné aux Hovas une haute opinion d'eux-mêmes et, par contre-coup, une faible idée des vaincus qu'ils ne craignaient plus de molester.

Voulant se débarrasser à tout prix des négociants français et anglais établis à Tamatave et sur la côte de l'île, le gouvernement hova leur signifia brusquement, le 13 mai 1845, qu'ils eussent à quitter le territoire, s'ils ne consentaient pas : — à subir l'épreuve du poison, comme les indigènes, toutes les fois que la justice du prince le requerrait ; — à être vendus comme esclaves, s'ils étaient reconnus coupables d'un délit, — et à s'établir pour toujours dans l'île où ils étaient venus chercher fortune.

Aucune observation ne fut entendue, aucune réclamation

LE LIEUTENANT DE VAISSEAU CLOUÉ

Page 33.

ne fut possible; à la fin du mois, l'expulsion devait être accomplie.

Averti du danger qui menaçait les résidents étrangers, le commandant Desfossés s'empressa d'envoyer de Saint-Denis la *Zélée* ; et partit lui-même le lendemain avec le *Berceau;* — en rade de Tamatave se trouvait déjà la corvette anglaise *Conway*.

Les deux commandants alliés, voyant l'état d'hostilité s'accuser chaque jour davantage et ne recevant aucune réponse aux observations qu'ils avaient soumises à la reine Ranavalo, décidèrent de prendre l'offensive.

L'outrage fait à la civilisation n'était pas de ceux que l'on néglige. Avec un peuple orgueilleux comme des Hovas, il ne fallait pas avoir l'air de céder à la crainte; — mais d'autre part, il était difficile d'espérer un plein succès d'une attaque improvisée contre une place bien défendue.

Le fort de Tamatave, construit par les Arabes de Zanzibar, était de forme circulaire et en solide maçonnerie; il possédait en outre un double masque de terre et de sable, dans lequel les embrasures avaient été prolongées de façon à battre le plus de terrain possible. L'artillerie était dirigée par des rénégats espagnols.

Le 15 juin, les trois bâtiments, après une nouvelle insolence du gouverneur de Tamatave, commencèrent le bombardement à deux heures de l'après-midi. Au bout d'un quart d'heure, l'incendie éclatait dans l'intérieur de la forteresse et l'une des deux batteries extérieures était abandonnée.

Le commandant Desfossés pensa qu'il était temps de jeter à terre ses détachements; il importait d'ailleurs de terminer cette opération avant la nuit.

Les compagnies de débarquement alliées qui ne comprenaient que trois cents hommes, et dont l'enseigne de vaisseau Cloué commandait une division, furent mises à terre en moins de dix minutes: l'ennemi se borna durant le débarquement à tirer quelques coups à mitraille qui produisirent peu d'effet.

Puis la petite troupe s'élança avec une ardeur sans

pareille vers l'ennemi qui n'avait pas osé sortir de ses retranchements; elle enleva d'abord la seconde batterie extérieure, y encloua les canons, et franchit la première enceinte. Le drapeau de la Reine, abattu par le feu des navires, pendait sur le rempart; un aspirant français, en montant sur quelques matelots, le saisit et en distribua les lambeaux autour de lui.

Malheureusement tant d'énergie ne devait pas, — faute de moyens — aboutir à un résultat plus complet.

Quarante minutes s'étaient écoulées depuis que nos marins occupaient l'enceinte extérieure et le fossé du fort principal; les Hovas après avoir bravement combattu à ciel découvert, se retirèrent dans leurs casemates. Les compagnies alliées manquaient d'artillerie pour y pénétrer après eux et les cartouches étaient épuisées.

Les troupes de débarquement cruellement éprouvées par le feu des malgaches durent rallier leurs canots en emportant les blessés et les morts[1] (sauf cependant cinq de ces derniers que l'on oublia dans la batterie rasante).

Cité à l'ordre du jour pour sa belle conduite devant l'ennemi, le jeune Cloué fut peu de temps après nommé Chevalier de la Légion d'honneur (9 février 1846). Le ministre de la marine, baron de Mackau, terminait sa lettre d'avis par ces mots : « Je vous annonce avec satisfaction une faveur qui est la récompense de la bravoure que vous avez déployée dans l'affaire de Tamatave. »

Le 8 septembre de la même année, il passait lieutenant de vaisseau à l'âge de vingt-huit ans.

Ici se place un événement qui laissa toujours une profonde impression dans les souvenirs de l'amiral Cloué. Par une de ces circonstances providentielles qui semblent se complaire à favoriser les grandes destinées, l'estime qu'il avait su inspirer à son commandant lui valut d'échapper à une mort affreuse.

Le capitaine de vaisseau Desfossés quitta le 5 juin 1846 la

1. 21 morts et 55 blessés.

corvette le *Berceau* pour se transborder sur la frégate la *Belle-Poule*; il offrit à l'enseigne Cloué de l'accompagner sur ce nouveau bâtiment, et le jeune officier qui avait pour son commandant une profonde affection, accepta avec empressement une offre qui était en même temps le témoignage d'un réel intérêt.

Or, dans la nuit du 15 au 16 décembre 1846, un épouvantable cyclone se fit sentir dans la mer des Indes et vint surprendre les deux navires qui faisaient route de la Réunion vers Sainte-Marie. La *Belle-Poule* put tenir tête à l'ouragan, mais le *Berceau* s'abîma dans les flots avec ses deux cent soixante hommes d'équipage.

Ce navire eût-il échappé au désastre si le commandant Desfossés ne l'eût point quitté; qui peut le dire? Toujours est-il que tous deux, le commandant et l'enseigne, avaient été miraculeusement sauvés d'un terrible naufrage !

La frégate fit toutes ses réparations à Sainte-Marie et ne revint à Bourbon qu'à la fin du mois d'avril 1847.

Elle quitta Saint-Denis le mois suivant et après quelques relâches assez courtes à Sainte-Hélène, l'Ascension et aux Açores, mouilla sur rade de Brest à la fin de juillet.

---

# IV

## PREMIER SÉJOUR A TERRE-NEUVE

Le lieutenant de vaisseau Cloué se marie. — Il est nommé l'année suivante au commandement de la goëlette la *Fauvette* et part pour Terre-Neuve. — Situation politique des pêcheries à son arrivée ; mission délicate vis-à-vis des Anglais. — Le French-Shore et ses coutumes. — Félicitations du ministre. — Importance des travaux hydrographiques du commandant de la *Fauvette*.

A son retour de la mer des Indes, le lieutenant de vaisseau Cloué fut envoyé au dépôt des cartes et plans de la marine, pour y rédiger ses travaux hydrographiques.

Ce fut pendant cette année de service à Paris qu'il épousa, le 17 février 1848, Mademoiselle Cécille-Gabrielle Fizot-Lanau, associant ainsi à une existence toute de dangers et de travaux, une vaillante et gracieuse compagne dont la profonde affection devait l'aider à supporter plus tard bien des moments d'ennui et de découragement.

De retour à Brest le 26 novembre 1848, il fut chargé pendant quelques mois de la surveillance de la *Belle-Poule*, armée en ponton ; enfin le 15 mai 1849, peu de jours après la naissance d'une fille, il était nommé au commandement de la *Fauvette* dans la station de Terre-Neuve, et partait comme passager sur l'aviso l'*Epervier* pour rejoindre son poste.

La goëlette n'avait rien de séduisant dans ses formes, pas plus que dans son installation et son gréement ; le jeune capitaine ne s'en éprit pas moins, et sut en tirer le plus admirable parti.

Un premier commandement révèle presque toujours le caractère de l'officier qui l'exerce ; quelle que soit l'uniformité des règles, la manière dont un bâtiment est installé, tenu et dirigé, met en relief l'individualité du capitaine qui plaît à s'identifier avec ce corps dont il devient l'âme et dont le salut dépend de sa seule volonté.

La *Fauvette* fut entre les mains du commandant Cloué un nouvel instrument d'avenir qui lui permit d'établir plus solidement encore sa réputation d'hydrographe et d'officier propre aux missions les plus délicates.

L'île de Terre-Neuve, dont les eaux sont si poissonneuses, appartenait autrefois à la France, qui, par le traité d'Utrecht, en avait cédé la possession et la souveraineté à l'Angleterre; ne conservant que le droit de pêcher la morue sur le grand banc et sur une certaine étendue de côtes qui reçut pour cette raison le nom de *French-Shore*.

Bien que l'Angleterre se fût engagée de son côté à ne troubler en aucune manière notre pêche par la concurrence, la situation était péniblement tendue à l'arrivée du commandant Cloué. Par suite de tolérances regrettables, nos voisins d'Outre-Manche s'étaient enhardis à nous disputer nos droits, et cette *Question de Terre-Neuve* se compliquait, s'aggravait, montrant déjà ce qu'elle serait plus tard, une bouteille à encre dont la solution, — malgré les enquêtes, les commissions et les conventions internationales, — reste encore à trouver.

Par d'habiles temporisations, les Anglais se sont acquis la complicité du temps qui les a fidèlement servis !

L'importante mission de la *Fauvette* était de garantir à nos pêcheurs la libre jouissance de leurs droits et de provoquer l'expulsion des bâtiments anglais qui viendraient en pêche dans les baies occupées par les Français.

En outre, elle devait assurer la discipline parmi nos nationaux, ce qui n'était pas non plus chose facile. Le *French-Shore* comprend soixante-dix baies, subdivisées en deux cent dix places de pêche; chaque place est, tous les cinq ans, tirée au sort à Saint-Servan entre les armateurs intéressés.

Dans chaque *place*, on trouve d'abord des *graves* ou grèves caillouteuses pour étendre la morue; puis des cabanes, des magasins, des séchoirs. Un certain nombre d'hommes de l'équipage demeure à terre pour préparer le poisson ; tandis que les autres vont avec de légères embarcations tendre les lignes de fond auxquelles pendent des centaines d'hameçons, appâtés avec de la boëtte (harengs, etc., etc.)

On voit de suite combien, de ce côté, était pénible le service du commandant Cloué, qui avait à faire respecter les réglements, aplanir les contestations, infliger des peines disciplinaires aux pêcheurs qui causaient du désordre, etc., etc......

Là comme toujours, M. Cloué remplit son devoir avec intelligence et conquit l'estime de son entourage. Nous en citerons pour preuve quelques lignes extraites d'une lettre officielle de félicitations adressée par le Ministre de la Marine, Théodore Ducos au jeune capitaine, lorsqu'il quitta la *Fauvette.*

« ..... Je viens de prendre connaissance de tous les rapports concernant votre commandement à Terre-Neuve, et j'ai reconnu avec vos supérieurs que vous aviez apporté dans cette mission délicate autant d'intelligence que de fermeté ; les armateurs réunis lors du dernier tirage partiel à Saint-Servan, ont exprimé hautement leur gratitude pour votre vigilante assistance.

« Je suis heureux d'avoir à vous adresser ce témoignage de ma vive satisfaction, dont il est pris bonne note à votre dossier. »

Le commandant Cloué profita en outre de ces cinq années passées sur la *Fauvette* (1849-1854) pour lever seize cartes des différentes parties de Terre-Neuve, et amasser les documents sur : les vents, les courants, les brouillards, qui devaient lui permettre de rédiger plus tard des instructions complètes sur le pays.

Avant l'arrivée du jeune marin, nos bâtiments n'avaient pour naviguer sur ces côtes difficiles, que les cartes de Cook, et une très vieille édition sur le pilotage, datant de 1875. Et cependant la pêche française occupait en moyenne chaque année — cent vingt navires venant de France, montés par deux mille huit cents hommes, — et deux cents goëlettes armées à Saint-Pierre et Miquelon, montées par deux mille hommes. Toute cette flottille pêcheuse naviguait avec incertitude, suivant les vagues indications de quelque vieux marsoins de la côte.

Comprenant trop, combien une pareille navigation était défectueuse jusqu'au péril, Cloué se mit à l'œuvre de suite, et il eut la persévérance de mener à bien son entreprise. Les difficultés inouïes de la navigation le long de ces côtes d'un abord toujours perfide, — les privations de cinq longues années de campagne, — ne purent ébranler le courage de ce travailleur d'une tenacité, d'une volonté vraiment exceptionnelles.

Les seize cartes qu'il produisit sur la *Fauvette* sont : Les plans 1° de *Cod-Roy ;* 2° du hâvre *des Roches ;* 3° des hâvres de *Kirpon ;* 4° de la baie aux *Mauves ;* 5° de la *baie du Sacre ;* 6° du *vieux Ferolle* et de *Brigbaie ;* 7° de *Port aux Choix ;* 8° de la *Tête de mort ;* 9° de l'île et du hâvre de *Fiche ;* 10° du *Four* et des *Petites-Ilettes ;* 11° des *Grandes-Ilettes ;* 12° du hâvre de *Lark ;* 13° du *Petit-Port ;* 14° des environs des *Fleurs ;* 15° la carte particulière de la *côte Nord* de Terre-Neuve ; 16° les cartes des îles et hâvres au sud de la *baie aux Lièvres*.

Avant de quitter son commandement, il prit à bord de la *Fauvette* son successeur désigné, le lieutenant de vaisseau Pierre, et pendant deux mois l'initia aux opérations hydrographiques, afin qu'il pût continuer l'œuvre commencée.

« Mon élève m'a fait le plus grand honneur, — dit plus tard l'amiral Cloué dans une brochure présentée à l'Académie ; — il a levé sur les côtes de Terre-Neuve quatorze cartes qui ne laissent rien à désirer.

« Je suis heureux de pouvoir rendre hommage à la

mémoire de mon ami l'amiral Pierre, mort si prématurément.....

« A nous deux, nous avons refait l'hydrographie de toutes les parties de Terre-Neuve qui intéressent le plus la pêche française, en dressant un ensemble de cinquante cartes ou plans, *dont quarante et une sont mon œuvre personnelle.* »

Est-il nécessaire, après avoir montré toute l'activité déployée par le commandant de la *Fauvette*, de dire que le Ministre de la Marine lui adresse une lettre des plus flatteuses qui se terminait par ces lignes :

« ..... Après avoir entendu la lecture du rapport sur l'ensemble de vos travaux, accepté la gravure immédiate des cartes, le Comité consultatif du Dépôt de la Marine a reconnu, à l'unanimité, que vous aviez fait preuve d'un zèle et d'une aptitude très remarquables pour les opérations hydrographiques; que les vôtres ont le caractère ainsi que le mérite d'une œuvre exacte et par conséquent définitive.

« Je suis heureux de vous annoncer que j'associe nos éloges à ceux du Comité et de vous témoigner mon *entière satisfaction* de la manière distinguée avec laquelle vous remplissez toutes les tâches importantes qui vous sont confiées. »

---

# V

## CAMPAGNE DE RUSSIE — BALTIQUE CRIMÉE

Le lieutenant de vaisseau Cloué est nommé au commandement du *Brandon*. — Campagne de la Baltique. — Prise de Bomarsund. — Le *Brandon* part pour la mer Noire, où il est attaché à l'escadre de l'Amiral Hamelin. — Composition des flottes, coups d'œil rétrospectif. — Rôle de la marine à Sébastopol. — Naufrage du *Henri IV* et du *Pluton*. — Différents voyages à Toulon. — Eupatoria. Prise de Kertch et d'Iénikalé. — Le *Brandon* fait partie de la flottille envoyée dans la mer d'Azof. — Berdiansk. — Tangarog. — Le commandant Cloué reste chargé de la surveillance de la flèche d'Arabat. — Oukliouk. — Anapa. — Le *Brandon* rappelé de la mer d'Azof est expédié en reconnaissance hydrographique à l'embouchure du Dniéper. — Attaque de Kinbourn. — L'escadre rentre en France. — Mort de l'Amiral Bruat. — Le lieutenant de vaisseau Cloué est nommé capitaine de frégate.

Le lieuienant de vaisseau Cloué rédigeait à Paris ses travaux hydrographiques, lorsque la guerre de Russie éclata, en février 1854.

Il sollicita de suite un commandement et obtint celui de l'aviso à vapeur le *Brandon* (cent hommes d'équipage), — ce qui lui permit de prendre une part active à toute cette campagne pendant laquelle la marine a joué un si grand rôle.

Car ce n'est pas seulement comme un puissant et valeureux auxiliaire que la marine est intervenue en Russie; la flotte a été la seule base d'opérations de l'armée. C'est par ce pont mouvant jeté avec tant de hardiesse en travers de la mer Noire, que les munitions et les vivres ont pu venir si régulièrement.

Aucune victoire navale ne dédommagea la flotte de ses fatigues; mais de même qu'il serait faux d'affirmer que sans l'armée la marine eût pris Sébastopol, de même on peut assurer avec vérité, que sans la marine, l'armée ne l'eût jamais occupée.

Le lieutenant de vaisseau Cloué eut l'insigne bonheur de faire partie des deux expéditions qui résument cette guerre : la *Baltique* et la *Crimée*.

Ce fut une simple diversion que fit l'escadre du Nord, lorsqu'elle menaça de ses canons les inexpugnables forts de Cronstadt; — en portant l'attaque de ce côté, l'intention des gouvernements alliés était seulement de diviser les forces de la Russie. Là n'était pas le nœud de la guerre; les coups de canons tirés dans la Baltique n'amenèrent pas la paix, et il fallut que l'expédition de Crimée vînt former l'élément essentiel, indispensable du succès de la campagne.

Nous allons suivre, pas à pas, le *Brandon* et son commandant dans les phases diverses de cette grande et mémorable lutte.

## § I. — CAMPAGNE MARITIME DE LA BALTIQUE

La Baltique, pour nos marins, était l'inconnu, ils n'avaient pour les guider sur cette mer pleine d'écueils cachés, aucun document digne de quelque confiance; aussi l'amiral avait-il reçu l'ordre de se rendre à Deal pour y prendre des pilotes pratiques de ces parages.

L'escadre destinée à opérer dans le Nord sur les côtes de Russie était sous les ordres du vice-amiral Parseval Deschênes et se composait de trente-neuf navires, savoir :

## NEUF VAISSEAUX

*Inflexible* (90 canons), commandant Pironneau, portant pavillon vice-amiral.

*Duguesclin* (80 canons), commandant Lacapelle, portant pavillon contre-amiral.

*Austerliz* (90 canons), commandant Laurencin.

*Tage* (90 canons), commandant Fabvre.

*Hercule* (90 canons), commandant Larrieu.

*Jemmapes* (90 canons), commandant Du Parc.

*Breslaw* (80 canons), commandant Bosse.

*Duperré* (70 canons), commandant Penaud.

*Trident* (70 canons), commandant de Maussion.

## HUIT FRÉGATES

*Sémillante* (56 canons), commandant du Brossay.

*Andromaque* (56 canons), commandant Guillain.

*Vengeance* (56 canons), commandant Bolle.

*Poursuivante* (52 canons), commandant de Borre.

*Virginie* (52 canons, commandant de Rivière.

*Zénobie* (52 canons), commandant Hérail.

*Asmodée* (frégate à vapeur), commandant Lagarde-Chambord,

*Darieu* (frégate à vapeur), commandant Didelot.

## CINQ CORVETTES A VAPEUR

*Laplace*, commandant Caboureau.

*Phlégcton*, commandant Coupvent-des-Bois.

*Reine-Hortense*, commandant Exelmans.

*Soufleur*, commandant Moulac.

*Laborieux*, commandant Maullet.

## HUIT AVISOS A VAPEUR

*Aigle*, commandant Martineau des Chesnez.

*Goëland*, commandant Le Roy.

*Lucifer*, commandant Dispan.

*Milan*, commandant de Cuitré.

*Brandon*, commandant Cloué.

*Cocyte*, commandant Dubuisson.

*Fulton*, commandant Le Bris.

*Dain*, commandant Salaun.

## NEUF TRANSPORTS

*Donawert* (vaisseau), commandant Perigot.

*Saint-Louis* (vaisseau), commandant Jannin.

*Tilsitt*, commandant de Maucroix.

*Licorn*, commandant Dauriac.

*Algérie* (frégate), commandant de Leyritz.

*Cléopâtre*, commandant Malmanche.

*Persévérante*, commandant Vincent.

*Syrène*, commandant Libaudière.

Elle appareilla le 20 avril 1854. L'escadre anglaise était déjà partie avec sir Charles Napier, et comprenait treize vaisseaux de ligne à hélice, six vaisseaux à voiles, douze frégates à hélice, quinze frégates à roues et quelques avisos.

Les débuts de la navigation furent peu fortunés; les calmes et les courants contraires se succédèrent, épuisant la patience des équipages, qui, pensant que les alliés avaient commencé les opérations, craignaient d'arriver trop tard et de ne pouvoir prendre part aux combats.

Quant au *Brandon*, expédié dans la Méditerranée, à la fin du mois de mars, pour aider au transport des troupes en Orient, il n'avait pu faire route avec l'escadre du Nord. Dans un premier voyage, il porta deux cent trente hommes du 3e régiment de zouaves, de Philippeville à Gallipoli, notre base éventuelle d'opérations; puis il fit une deuxième traversée avec trois cents hommes et huit chevaux embarqués à Toulon, et ce fut seulement le 20 mai que le navire remonta vers Cherboug.

Après quelques menues réparations, le lieutenant de vaisseau Cloué reçut enfin le 23 juin 1854, l'ordre de se rendre à Deal. Il devait y prendre l'un des pilotes tenus à la disposition des bâtiments français, et se diriger ensuite sur Kiel où notre consul lui donnerait toutes les indications nécessaires pour rejoindre l'escadre de l'amiral Parseval des Chênes.

Il atteignit la flotte française à Sweaborg le 5 juillet, et participa dès lors avec elle au blocus des côtes de Finlande.

Ce fut au commencemeut d'août que l'amiral décida la destruction de Bomarsund, où les Russes exécutaient chaque jour des travaux importants, dans le but de créer un vaste établissement militaire.

Cette admirable rade[1] où l'on peut mouiller à l'abri, une flotte entière ne se trouve pas à plus de dix-huit lieues de la côte suédoise et se dissimule complètement derrière les îles. L'entrée de Bomarsund était commandée du côté de la Suède

1. Voir le plan, page .

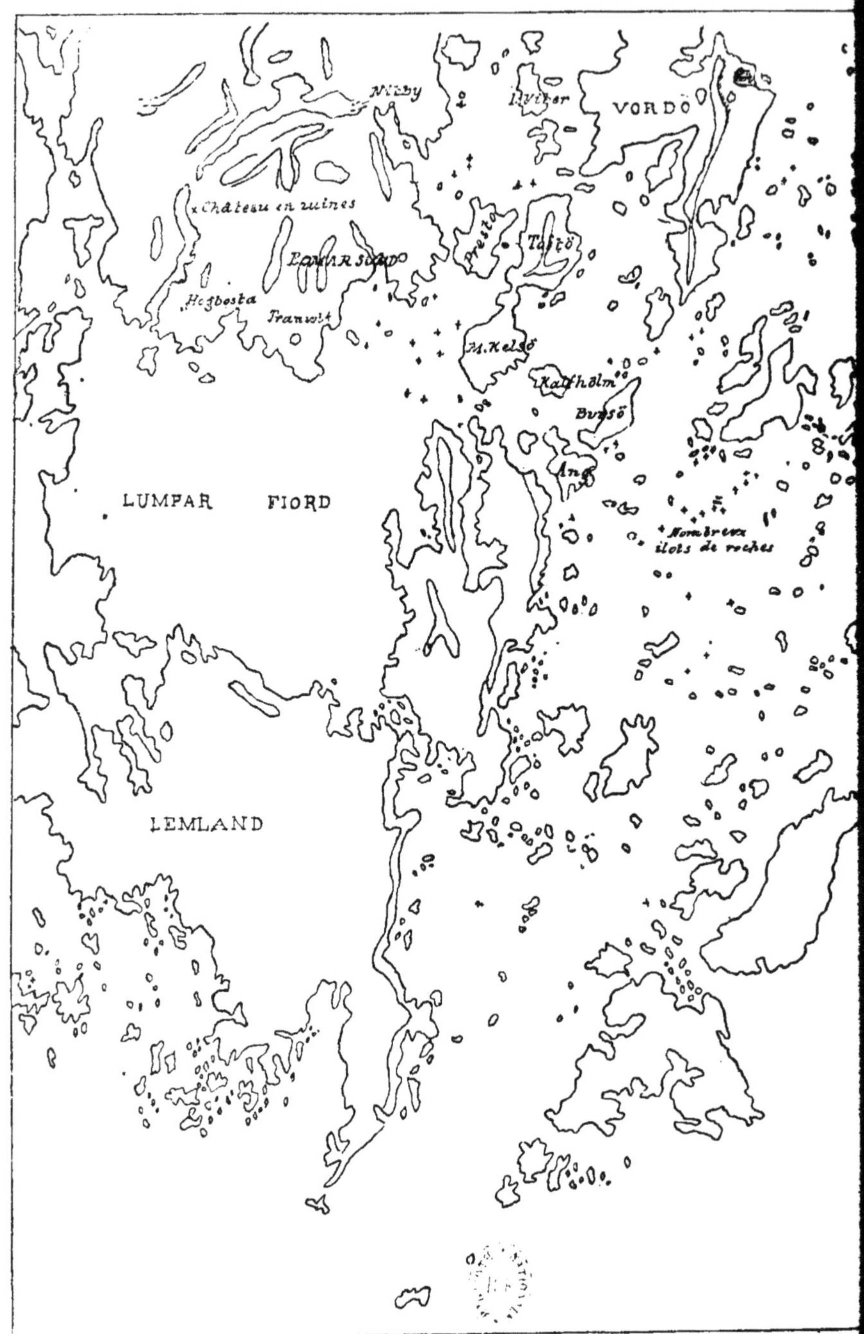


ARCHIPEL D'ALAND. (Rade de Bomarsund)

par une tour doublée d'un ouvrage d'une forme et d'une puissance extraordinaires, que les Russes avaient réussi à construire sans qu'aucun explorateur des pays voisins en eût soupçonné l'existence. L'ouvrage qui possédait un donjon central, avait pour contour les deux tiers d'un cercle de cent trente-cinq mètres de rayon ; et sur ce rempart maçonné, plusieurs étages se hérissaient d'artillerie.

Du côté de la rade, à l'est, appuyées contre cette formidable défense, les fondations d'un autre édifice atteignaient déjà le niveau du sol : c'étaient deux remparts destinés à être casemates et formant un angle obtus au sommet duquel une vaste tour aurait surgi.

En un mot, l'ensemble de l'ouvrage présentait un développement de sept cents mètres ; et la Russie, à l'insu de toutes les marines préparait là une immense batterie couverte. Enfin, dame Nature, souvent complaisante, était encore venue ajouter ses moyens de défense personnels en entassant par derrière, de monstrueux rochers de granit.

Telle était la fortification redoutable que l'amiral Parseval des Chênes allait incessamment détruire avec les troupes du général Baraguay-d'Hilliers et l'aide du général Niel.

La rapidité de l'attaque et de la prise de Bomarsund a, dans l'esprit du public, diminué le prestige des difficultés vaincues ; — mais les marins et les ingénieurs de cette époque ont apprécié à sa valeur le mérite de l'opération. Le général Niel, après la victoire, écrivait : « Le nombre des prisonniers qui ont défilé devant les troupes assiégeantes, joint aux blessés que nous avons trouvés dans la forteresse est de deux mille quatre cents : le réduit avait cent quatre-vingt-dix pièces d'artillerie, y compris quatre pièces de campagne prêtes à être attelées et trois mortiers. A cela, il faut ajouter quarante-six pièces en batterie dans les tours.

« Les travaux terminés ne sont pas la cinquième partie de ceux qui étaient en cours d'exécution. »

* * *

Il était cinq heures du matin, le 8 août 1854, l'aube déjà

née, blanchissait légèrement l'horizon, quand les alliés commencèrent leur attaque contre Bomarsund.

En quelques heures, la frégate anglaise *Amphion* et la corvette française *Phlégéton*, détruisirent une petite batterie de quatre pièces,[1] construite sur une pointe. avancée — et le débarquement eut lieu aussitôt protégé par le *Duperré* et l'*Edimburg*.

La journée se passa tout entière à prendre position autour de la forteresse, et les reconnaissances commencèrent dès le lendemain. Ce ne fut que quatre jours après, le 12 août dans la nuit, que l'on ouvrit la tranchée. Pendant que les travaux d'approche s'exécutaient, les vaisseaux alliés se disposaient également à l'attaque. Nuit et jour, sous le feu des tirailleurs russes, les officiers circulaient la sonde à la main, dans les embarcations, cherchant des passages pour les navires; et le commandant Cloué que ses travaux hydrographiques avaient déjà mis très en relief fut désigné l'un des premiers pour cette mission pleine d'honneur et de danger.

Enfin quelques jours après, eut lieu l'investissement de l'ile de Presto et l'attaque définitive de la place. Le 16 août, la citadelle de Bomarsund se rendit; mais comme la saison avancée faisait craindre de réelles difficultés de navigation, pour l'approvisionnement et la garde du pays, les amiraux résolurent de faire sauter la forteresse et de raser tous les ouvrages.

Le rembarquement des troupes s'opéra donc avec activité et la destruction de Bomarsund eut lieu le 2 septembre.

Le succès de la flotte de la Baltique était d'un heureux augure pour la guerre que la France avait à soutenir. En huit jours, la marine avait débarqué le corps expéditionnaire, — le siège avait été fait, — la place prise. Ce hardi coup de main força la Russie à couvrir de ses meilleures troupes la capitale et l'empêcha d'envoyer en Crimée les équipages aguerris de la flotte du Nord.

Les escadres françaises et anglaises firent ensuite une

1. Voir le plan de la rade de Bomarsund, page .

démonstration devant Sweaborg et Cronstadt, mais les navires russes retirés dans cette dernière place forte, ne devaient plus se montrer dans la Baltique ; et l'amiral Parseval Deschênes ne laissa que quelques bâtiments pour continuer le blocus, jusqu'au jour où les vents et les glaces vinrent les forcer à rentrer successivement dans leurs ports.

Aussitôt après la prise de Bomarsund, les malades furent embarqués les premiers sur un grand bâtiment à vapeur anglais, et les troupes valides sur les vaisseaux et les transports à voiles ; — puis, chaque navire, sous la garde d'un vapeur, fit route isolément afin d'éviter les dangers et les lenteurs d'une navigation par escadre.

Le lieutenant de vaisseau Cloué, chargé de convoyer l'un de ces gros transports, reçut au moment du départ les instructions suivantes de l'amiral Parseval :

« J'ai désigné le *Brandon* pour remorquer le transport anglais *Walmer Castle, n° 117*, chargé de troupes françaises; vous le prendrez à Led-Sound (îles d'Aland) le 4 septembre, afin de le conduire à Calais, ou si le temps le permet à Cherbourg.....

« Recevez, Monsieur le Commandant, mes témoignages de satisfaction pour la manière dont vous avez exécuté tous les ordres qui vous ont été donnés depuis que vous êtes sous mon pavillon. »

Ce fut une pénible corvée que celle de remorquer le *Walmer Castle*. Le mauvais temps commença dès le départ, et pendant toute la traversée, le *Brandon* eut à lutter contre de forts vents debout et une très grosse mer; enfin, le 21 septembre, après bien des péripéties et une périlleuse navigation, il mouillait sur rade de Cherbourg.

La campagne de la Baltique[1] avait duré cinq mois et demi, pendant lesquels tous les navires de l'escadre avaient fourni un service des plus actifs ; le *Brandon* à lui seul avait réalisé quatre-vingt-neuf jours de chauffe ; c'est assez dire,

1. Les escadres alliées se séparèrent le 18 septembre 1854.

ses croisières et ses sondages continuels dans tous les passages inconnus qu'il eut à baliser.

L'année suivante, 1855, une division navale française, beaucoup moins nombreuse, sous les ordres du contre-amiral Penaud, continua le blocus de Finlande et bombarda Sweaborg, mais sans pouvoir rien entreprendre contre Cronstadt.

## § II. — CAMPAGNE DE CRIMÉE

Lorsque le *Brandon* eut terminé à Cherbourg ses opérations, il partit pour Brest, où le 11 octobre 1854, il embarquait une compagnie d'infanterie de marine pour la porter au Pirée.

Après avoir accompli entre la Grèce et Kamiesh plusieurs voyages de troupes, le commandant Cloué fut renvoyé en France avec les blessés de l'armée, et le 23 décembre 1854 il prenait de nouveau à Toulon deux cent cinquante hommes à destination de la Crimée où il restait définitivement attaché à la flotte expéditionnaire.

Pour bien faire comprendre ce qui va suivre, nous avons pensé qu'il était indispensable de retracer les événements qui se sont passés dans la mer Noire pendant cette année 1854.

Aussitôt après l'ultimatum envoyé à la Russie, les flottes alliées avaient franchi le Bosphore (janvier 1854), elles comprenaient :

L'escadre française, forte de huit vaisseaux, cinq frégates et une corvette à vapeur[1] ;

1. *Ville de Paris*, commandant Rigault de Genouilly; *Napoléon*, commandant Dupouy ; *Bayard*, commandant Fabre; les vaisseaux *Iéna*, commandant Rapatel, et la corvette à vapeur *Caton*, commandant Pothuau formaient la première division sous les ordres directs de l'Amiral Hamelin, commandant en chef. — La deuxième division était composée des vaisseaux : *Valmy*, commandant Serval ; *Charlemagne*, commandant de Chabannes et de la frégate à vapeur *Mogador*, commandant de Wailly, sous le commandement du contre-amiral Jacquinot. — La troisième division composée des vaisseaux : *Jupiter*, comman-

L'escadre anglaise avec neuf vaisseaux et neuf frégates, sous les ordres du vice-amiral Dundas ;

L'escadre turque avec quatre frégates et une corvette à vapeur.

En tout, trente-sept navires.

Quant aux russes, ils avaient : vingt-cinq vaisseaux à trois ponts et quinze bricks, corvettes ou schooners ; en tout, quarante navires dans la mer Noire.

Des corsières furent organisées sur les différents points du littoral ennemi, et pendant le reste de l'hiver les escadres accomplirent avec activité cette mission que le mauvais temps et l'ignorance où l'on se trouvait des intentions de la flotte russe, ne rendait pas sans danger.

La déclaration de guerre n'eut lieu que le 22 avril 1854 et le premier acte d'hostilité des escadres unies fut la destruction des magasins, batteries et navires d'Odessa ; la ville et le port marchand furent soigneusement épargnés. Le but de ce bombardement était seulement de prendre une revanche du tir exécuté contre le pavillon parlementaire, le 6 avril, car les Russes avaient ouvert le feu sur une embarcation de la frégate *Furious*, venue avec pavillon blanc pour prendre à son bord les résidents anglais d'Odessa[1].

Les flottes alliées se transportèrent ensuite devant Sébastopol où elles croisèrent pendant vingt jours en vue de l'escadre russe, mouillée sous la protection des forts sans la

dant Lugeol; *Henri IV*, commandant Jehenne et des frégates à vapeur : *Magellan*, commandant de Magri; *Sané*, commandant de Vanhello; *Gomer*, commandant du Bouzet; *Chaptal*, commandant Pouthier était sous les ordres du contre-amiral Le Barbier de Tinan. — Le vice-amiral Stamelin, avait dans son état-major général : le capitaine de vaisseau Bouet-Willamnez, chef d'état-major; les lieutenants de vaisseau Garnault et Grivel, aides-de-camp; les lieutenants de vaisseau Zédé, Sommeiller, officiers d'ordonnance. — Le contre-amiral Jacquinot avait pour premier aide-de-camp, le lieutenant de vaisseau Bonie.

1. Les Russes de leur côté ont toujours prétendu que le canot du *Furious* avait franchi les limites réglementaires et avait même commencé des sondages.

décider à venir au combat, bien qu'elle eût été capable de mettre en ligne un nombre de navires suffisant.

Au retour de cette promenade triomphale, les flottes française et anglaise reprirent le mouillage de Baltchick et attendirent l'arrivée des corps expéditionnaires.

Dès le mois de juillet, une nouvelle escadre, sous les ordres du vice-amiral Bruat[1], ralliait le pavillon de l'amiral Hamelin, et bientôt de nombreux bâtiments expédiés dans la mer Noire, apportaient de France, vingt-neuf mille hommes, deux cent cinquante chevaux ou mulets et soixante-huit bouches à feu de campagne.

Enfin, le 5 septembre 1852, après avoir passé par les terribles épreuves du choléra, la flotte française au complet quittait Baltchick pour se rendre en Crimée. Elle comprenait : quinze vaisseaux de ligne à voiles ou à vapeur ; vingt-huit frégates ou corvettes à vapeur ; trois frégates à voiles, et trois vapeurs de commerce.

Notons en passant le singulier hasard, qui avait mis à la tête de ces navires, une pléiade d'officiers que leur rare intelligence, non moins que leur intrépidité, devait porter quelquelques années plus tard à la tête de la marine.

A côté de l'armée française, les Anglais transportaient vingt-huit mille hommes, soixante-quatorze bouches à feu, et un nombre de chevaux supérieur au nôtre ; enfin, sept mille turcs sans artillerie étaient embarqués sur les vaisseaux de leur escadre.

C'était donc de soixante à soixante-dix mille combattants que cet immeense armement naval allait jeter d'un seul coup sur la côte ennemie.

Après avoir discuté successivement plusieurs plans de campagne, les généraux alliés décidèrent la prise de Sébastopol, et les flottes jetèrent l'ancre, le matin, devant *Eupatoria* (voir le plan, p. ), dans un ordre parfait.

1. Qui avait dans son état-major général : le capitaine de vaisseau Jurien de la Gravière, chef d'état-major; les lieutenants de vaisseau Freycinet, Bruat, aides-de-camp; et le lieutenant de vaisseau Giovanetti, officier d'ordonnance.

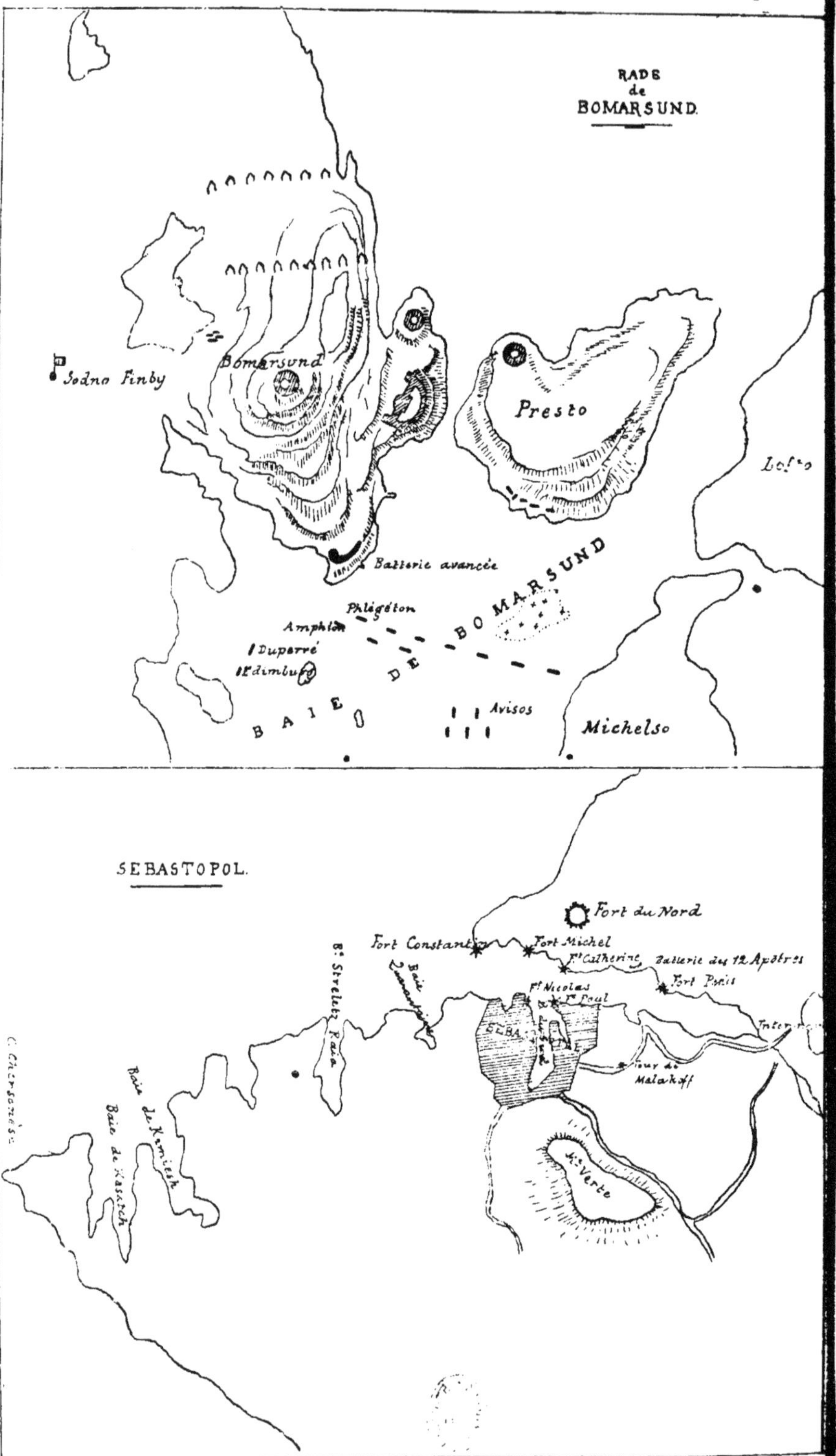
RADE
de
BOMARSUND.
Bomarsund
Sodno Finby
Presto
Batterie avancée
BAIE DE BOMARSUND
Phlégéton
Amphion
Duperré
Edimbourg
Avisos
Michelso
SEBASTOPOL.
Fort du Nord
Fort Constantin
Fort Michel
Fort Paul
Batterie des 12 Apôtres
Tour de Malakoff
Mt Verte
Baie de Kamiesh
Baie de Kasatch

Le débarquement des troupes se fit, de notre côté, avec une précision et une clarté sans exemple; les Anglais eurent un peu moins de méthode et de rapidité. « A dix heures, écrit un de leurs officiers[1], les Français avaient six mille hommes à terre, et nous soixante-dix ! »

Nous n'avons pas l'intention de suivre les armées victorieuses dans leur marche sur l'*Alma* et *Inkermann;* mais nous dirons les fatigues des bâtiments de guerre.

En quelques semaines, la marine improvisa un port à *Kamiesh*, qui fut, dès lors, la base de toutes les opérations du siège; Kamiesh détruit, c'en était fait de l'armée !

Les troupes mirent le siège devant Sébastopol le 27 septembre; ce siège, dont la durée fut de trois cent quarante-neuf jours, est celui qui, dans les temps modernes, mérite de frapper le plus fortement l'attention autant par la longue persévérance de ses défenseurs que par l'immense quantité de matériel mis en jeu des deux côtés. Nous donnerons plus loin quelques chiffres pour fixer les idées sur l'importance de cette opération militaire.

Et pendant toute la durée du siège, nos flottes furent admirables, ne cessant d'alimenter les armées avec une rapidité et une sûreté absolues; car la grande affaire était de savoir, qui, des assiégeants et des assiégés, pourrait amener le plus vite et le plus longtemps des hommes et des munitions sur le vaste champ clos, où il s'en faisait une si effrayante consommation. Tout était contre la Russie, les renforts appelés de si loin au secours de Sébastopol, avaient à souffrir de l'état affreux des routes, et de l'âpreté du climat, tandis que nos troupes, amenées par la mer, ne perdaient aucun effectif, et pouvaient faire le service des tranchées, ou monter à l'assaut le jour même de leur arrivée.

* * *

Comme nous l'avons dit plus haut, le *Brandon* fut d'abord, pendant les mois de novembre et de décembre, em-

1. Letters from Head quarters.

ployé au transport des troupes, entre Toulon, le Pirée et Kamiesh; — il prit ainsi sa part de ce rude et pénible service.

A cette époque, le Pont-Euxin, pendant la mauvaise saison, causait un grand effroi aux navigateurs, et les Compagnies d'assurance le tenaient pour un des parages les plus dangereux du globe. Jamais un marin n'eût osé affirmer que des navires à voiles, — et surtout des escadres, — pussent rester sans danger au mouillage après le mois d'octobre. On s'explique alors les effroyables tempêtes qui vinrent se déchaîner sur les flottes alliées, et l'ouragan terrible du 14 novembre où plus de vingt navires s'échouèrent ou se perdirent.

Le *Henri IV* et la corvette *Pluton* furent jetés à la côte ; le *Jupiter*, chassant sur ses ancres, heurta violemment le *Bayard;* la *Ville-de-Paris* et le *Friedland* perdirent leur gouvernail.

Le *Brandon* qui se trouvait à Kamiesh fut aussitôt envoyé aux ordres des commandants du *Henri IV* et du *Pluton,* naufragés à Eupatoria.

L'extrait de la lettre, écrite par le commandant Cloué, le lendemain de son arrivée, nous montre la rigueur de la saison d'hiver en cette inhospitalière Crimée, et nous fait entrevoir les souffrances qui ont été le partage de nos marins :

« En me dirigeant sur Eupatoria, j'ai rallié la côte; la mer était couverte d'une brume blanche légère qui ne permettait pas de distinguer les mouvements des troupes russes. Dès que j'eus doublé le cap Loukout, j'ai été assailli par une brise violente d'E.-N.-E. hâlant l'Est ; à mesure que je me rapprochais d'Eupatoria, la mer grossissait et chaque lame embarquant était de suite congelée, de sorte que nous n'avons pas tardé à avoir sur le gaillard d'avant, un pied de glace ; il gelait à — 9°.

« Ce temps régnait depuis cinq jours à Eupatoria sans qu'on pût communiquer avec la terre ; j'ai trouvé tous les navires défigurés par les masses de glaçons qui pendaient tout autour et particulièrement à l'avant.

« Le *Brandon* n'a pas tardé à être comme eux. Le lendemain de mon arrivée, il gelait à — 11° sur le pont, dans la journée. »

Le *Henri IV*, jeté à la côte[1] après la rupture de ses chaînes, n'avait pas souffert, il était droit, tranquille comme au mouillage, ne faisant pas d'eau ; mais il était ensablé par trois mètres trente et avait l'aspect d'une forteresse commandant la langue de sable située entre la mer et le lac Sassick[2].

Le *Pluton* qui se trouvait à environ quatre cents mètres plus près de la ville, avait de l'eau jusqu'au pont supérieur; et tout à côté, on voyait un vaissseau turc crevé sur un fond de roches. Les bâtiments français n'avaient heureusement perdu personne, mais il n'en était pas de même de l'équipage turc qui avait passé deux jours, réfugié sur les flancs du navire (la seule partie émergeant), sans vivres et sans qu'on pût aller à son secours. Les lames qui brisaient avec violence contre l'épave, avaient enlevé pas mal de ces pauvres gens dont les forces et l'espoir étaient épuisés.

Le *Brandon* quitta le *Henri IV* le 18 novembre pour rentrer à Kamiesh chargé des poudres, des projectiles et des approvisionnements du navire. Le commandant Jehenne conserva jusqu'au dernier moment toute l'artillerie nécessaire pour se défendre contre une attaque de terre, et les marins habitaient le bord comme si le vaisseau eût été en rade, sommeillant sur ses ancres.

Dès son retour à Kamiesh, le *Brandon* reçut l'ordre de ramener en France, vingt-cinq blessés et soixante scorbutiques ; — il partit le 19 novembre pour Toulon, d'où le Préfet maritime le fit retourner de suite en Crimée avec deux cent cinquante soldats d'infanterie de marine.

Après une pénible traversée, faite par gros temps et vents debouts continuels, le commandant Cloué se présenta à Constantinople le 8 janvier, et entra dans la mer Noire en remorquant un transport anglais chargé de chevaux.

1. Il se trouvait à 60 mètres du rivage, et ensablé parallèlement à la côte.

2. Voir le plan, page .

Pendant son absence, les flottes alliées avaient changé de chefs. L'amiral Dundas, était le premier rentré en Angleterre et avait remis le commandement en chef de l'escadre britannique à l'amiral sir Edmund Lyons; et le 21 décembre, l'amiral Hamelin, promu à la dignité d'amiral de France, confiait la flotte française de la mer Noire, aux mains du vice-amiral Bruat. Le nouveau chef ne se faisait aucune illusion sur les difficultés qui l'attendaient; mais sa volonté ferme et résolue devait les dominer constamment.

L'hiver fut rude, autant pour les soldats que pour les marins; la pluie, la neige, les bourrasques glaciales, les ouragans du Nord, exercèrent impitoyablement leur action meurtrière sur les équipages.

Dès le commencement du siège, quarante officiers, et mille matelots avaient été mis à terre sous les ordres du commandant Rigault de Genouilly[1]. Les capitaines de frégate sous le titre de *chefs d'attaque* surveillaient et dirigeaient à tour de rôle le tir dans les batteries.

Au mois d'avril 1855, le chiffre des marins débarqués atteignit deux mille cinq cent cinquante; — il y eut deux divisions: le *Grand Camp* qui coopérait au siège de gauche de Sébastopol, sous les ordres directs de l'amiral Rigault; et le camp d'*Inkermann*, qui participait aux attaques de droite avec les capitaines de frégate Bianchi et Fayolle.

Les flottes n'exécutèrent qu'une attaque générale contre Sébastopol, celle du 17 octobre 1854; elles agirent ensuite par fractions sur les batteries du port. Chaque nuit un ou deux vaisseaux ou frégates à vapeur venaient, silencieux et rapides, défiler en vue des forts de la Quarantaine[2], lançaient une double bordée et regagnaient le large; — fatiguer les artilleries russes, empêcher l'ennemi de dégarnir les forts de la mer, tel était le but de ces bombardements nocturnes.

Après avoir participé vaillamment à la défense d'Eupa-

1. Il reçut sa nomination de contre-amiral, le 15 décembre 1854.
2. Voir le plan, page .

toria, attaquée le 17 février par les Russes; le *Brandon* fut envoyé, une fois encore à Toulon, réparer ses deux condenseurs qui étaient fendus. Le commandant Cloué quitta donc Kamiesh, le 6 mars, avec quatre-vingt-dix malades, et revint à la fin d'avril, reprendre son poste dans la Mer-Noire, en apportant une nouvelle compagnie d'infanterie et vingt chevaux.

* * *

Ce n'était pas assez pour nos flottes d'alimenter les armées avec une rapidité et une sûreté admirables. Profitant de la confignration géographique de la Crimée, elles vont intervenir dans la lutte d'une manière plus directe et plus immédiate, en coupant les vivres à l'ennemi. Les Russes avaient trois routes pour aller de l'intérieur de l'empire à Sébastopol : — l'une par Pérécop,traversait dans son parcours des déserts où l'on souffre horriblement de la chaleur, et de la soif pendant l'été ; des rigueurs extrêmes du froid pendant l'hiver; — la seconde, par le pont de Tchangar et la mer Putride, offrait les mêmes tribulations ; — la troisième, enfin, était celle de la mer d'Azof, et c'était de beaucoup la plus importante et la plus fréquente. Par la mer d'Azof, sur laquelle ils avaient une flottille considérable ; par le Don et les fleuves qu'il reçoit, les Russes recueillaient des approvisionnements continus. — Les amiraux alliés décidèrent de les anéantir.

Un officier de marine très distingué, le lieutenant de vaisseau Le Bris, en croisière avec le *Fulton*, devant Kertch, avait donné sur les travaux défensifs du détroit, des renseignements qui ne laissaient aucun doute sur l'opération.

Aussi, le 21 mai au soir, quatorze mille huit cents hommes du corps expéditionnaire furent embarqués sur vingt bâtiments français et trente anglais qui prirent la mer le lendemain.

Le vice-amiral Bruat et sir Lyons commandaient chacun en personne leur escadre ; le 24 au matin, les bâtiments étaient en vue de Kertch, et le débarquement avait lieu ;

sans coup férir les troupes s'emparèrent des villes Kertch et Iénikalé ; — la mer d'Azof était ouverte.

La voie de mer avait donné à l'expédition une célérité et un secret qui avaient empêché l'ennemi de rien prévenir. Une partie des régiments débarqués suffit à la garde des détroits, et le reste de la flotte put en un clin-d'œil remmener le reste des troupes sous les murs de Sébastopol.

Avant de partir, les amiraux résolurent de faire pénétrer dans la mer d'Azof une escadrille de bâtiments légers pour y continuer l'œuvre de destruction, et le capitaine de frégate Béral de Sédaiges, reçut le 31 mai les ordres suivants :

« Vous allez vous rendre avec votre bâtiment (*Lucifer*), la *Mégère*, le *Fulton* et le *Brandon* dans la mer d'Azof, vous passerez devant Arabat, à distance, de manière à vous assurer qu'il n'y a rien ne nouveau.

« Nous avons appris que vingt canonnières à voiles avaient été armées à Rostow sur le Don, l'amiral Lyons et moi, avons jugé convenable de ne point les empêcher d'entrer dans la mer d'Azof pour être sûrs de les capturer.

« Emparez-vous donc de tous les bâtiments et de toutes les barques naviguant dans la mer d'Azof. »

La petite division française se réunit aussitôt aux di- canonnières anglaises commandées par le capitaine Lyons de la *Miranda*, et mit le cap sur Berdiansk ; en route, elle détruisit une vingtaine de navires de commerce, portant des munitions et des approvisionnements. Lorsqu'ils s'approchèrent de la ville, les avisos se mirent en branlebas de combat, croyant que l'ennemi réfugié dans le port, tenterait une résistance acharnée ; mais bientôt quelques violentes détonations annoncèrent que les Russes avaient préféré faire sauter leurs quatre navires de guerre, plutôt que de les laisser tomber aux mains des alliés.

Les canots furent ensuite expédiés dans le port et y brûlèrent soixante bâtiments de commerce. Enfin, pendant la nuit, le *Brandon* et une canonnière anglaise allèrent audacieusement s'embosser à cent mètres des quais, prêts à ouvrir leur feu ; protégeant ainsi le débarquement d'une compagnie de marins qui détruisirent dès le lendemain matin les nombreux magasins de blé vivres, eaux-de-vie et approvisionnements de toutes sortes de l'armée ennemie.

En trois jours, cent dix navires de commerce avaient été anéantis, et il ne restait plus aux Russes dans la mer d'Azof, qu'un seul vapeur de trente chevaux ?

Au retour de la flottille, l'amiral Bruat, fit paraître un ordre du jour, félicitant les commandants de la prompte réalisation de leur mission, et se terminant par :

« ..... Le vice-amiral ne veut pas tarder davantage à féliciter les embarcations du *Lucifer*, du *Brandon*, de la *Mégère*, du *Fulton*, pour l'énergie avec laquelle elles ont exécuté les ordres donnés. »

L'heureux résultat de cette croisière n'était que le prélude des désastres que notre marine devait faire subir à l'ennemi ; — le 1er juin, le commandant de Sédaiges recevait de nouveau l'ordre de se rendre à Tangarog, et il bombardait la ville le 6 avec les mêmes navires ; — en moins de vingt-quatre heures tous les approvisionnements de la place étaient détruits.

Ces expéditions successives compromirent gravement la subsistance de l'armée russe, et amenèrent à Sébastopol une pénurie de vivres qui ne fut pas sans influence sur l'issue du siège.

Enfin, pour porter un dernier coup aux ressources de l'ennemi ; et couper toutes ses communications, l'amiral Bruat se décida, le 15 juin, à constituer une division spéciale, chargée du détroit d'Iénikalé et de la mer d'Azof, et plaça comme chef de cette petite escadre le capitaine de vaisseau Bouet, de la *Pomone*.

L'escadrille comprenait les navires : *Pomone*, *Lucifer*, *Brandon*, *Fulton*, *Dauphin* et *Mouette*.

Le *Brandon*, sous les ordres de Cloué, fut tout particulièrement chargé avec deux canonnières anglaises d'observer la flèche d'Arabat et d'empêcher la marche des convois par terre ; nouvelle et merveilleuse appropriation de notre flotille à vapeur, qui faisait là, sur une grande échelle, le service de cavalerie légère que nos hussards, portés à Eupatoria, pratiquaient sur la ligne de Pérécop.

On sait tout le mal que dut causer à l'ennemi cette irruption si habilement faite sur la plus importante de ses communications. La flèche d'Arabat est une étroite langue de terre qui sépare la mer d'Azof de la mer Putride[1], et les Cosaques pour protéger leurs convois y avaient installé quelques forts, à la faveur desquels ils se dissimulaient en rasant le rivage de la mer Putride. Ce qui faisait surtout l'importance de cette route, c'est que par les vents même faibles, la flèche n'était plus qu'un brisant inabordable et les groupes de Cosaques rôdaient alors en sécurité pour opérer les transports.

Sur toute cette bande sablonneuse, on voyait se dresser pareils à de hautes dunes jaunâtres des approvisionnements de blé et de fourrage considérables.

Le 26 juin, le *Brandon* et le *Vésuvius*, décidés à en finir, s'approchent à moins de six cents mètres du rivage et envoient à terre leurs canots armés en guerre, qui sont accueillis par un feu des plus nourris. Les canons des avisos ont bien vite raison de cette résistance et tiennent loin du rivage les cavaliers ennemis ; le débarquement se fait dès lors sans obstacle sous la direction de l'enseigne de vaisseau Dorlodot des Essarts[2] et les Cosaques s'éloignent avec leurs chevaux rapides, demeurant à portée de fusil et s'efforçant de séparer les marins de leurs canots, c'est-à-dire de leur base d'opérations.

Pendant cinq journées, les matelots brûlent les maisons, les charrettes, tuent les bêtes de somme destinées aux transports, comblent les puits à eau douce et anéantissent les approvisionnements ennemis, sous le feu continu de la cavalerie des cosaques. Officiers et marins sentent trop combien cette tâche est importante pour le succès de nos armes et s'y livrent avec entraînement. — « Je vous signale, amiral, Monsieur Dorlodot des Essarts, écrit le commandant Cloué

1. Voir le plan, page .
2. Depuis contre-amiral.

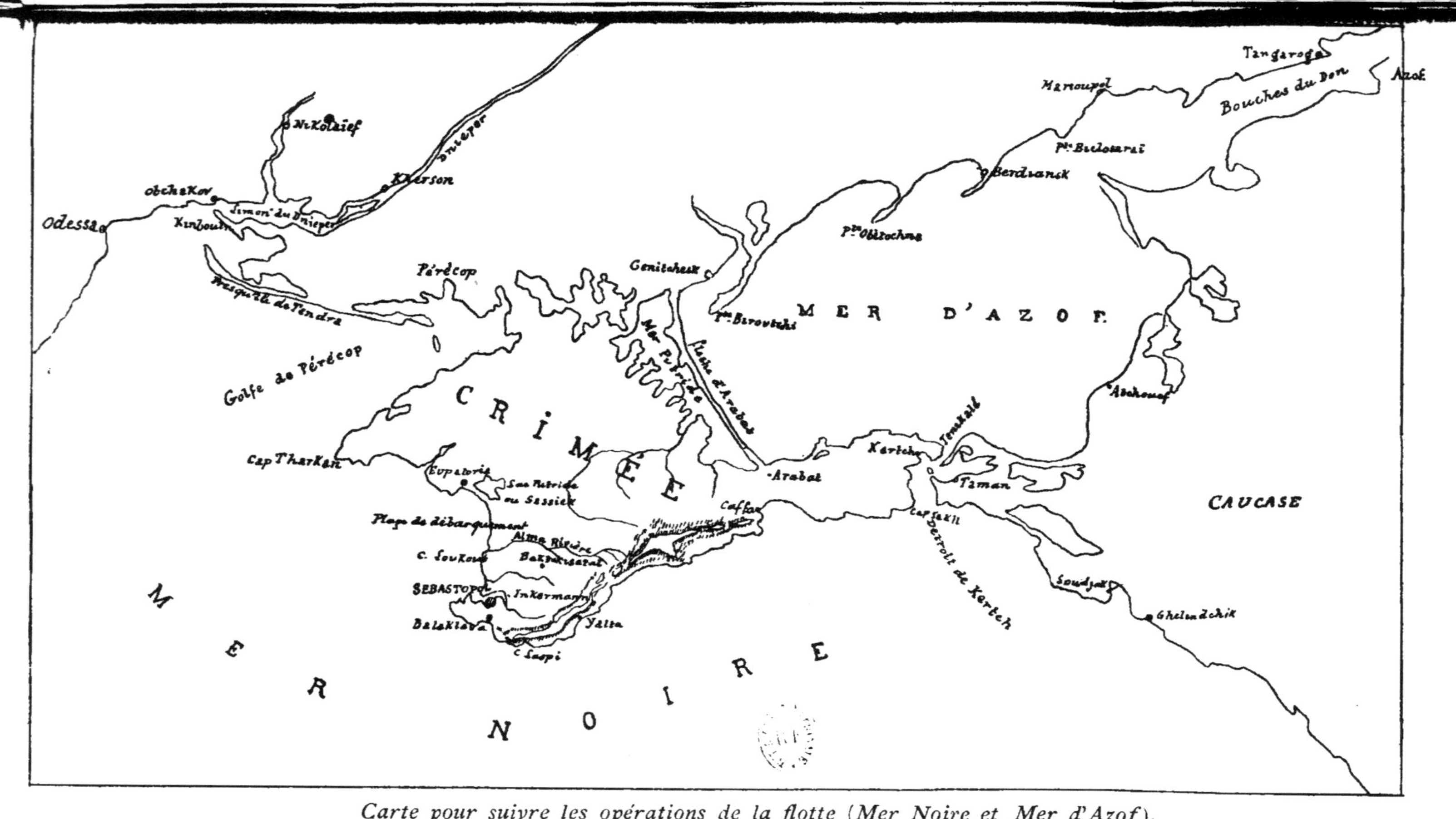


Carte pour suivre les opérations de la flotte (Mer Noire et Mer d'Azof).

dans son rapport. Il a conduit avec une rare intelligence et une vigueur peu commune, le peloton français. Je l'ai vu plusieurs fois s'avancer bien loin du soutien principal, presque seul avec deux carabiniers, — et propager l'incendie à deux cents mètres à peine des cavaliers cosaques au galop, qui cherchaient à l'entourer, et lançaient sur lui une grêle de balles. »

Pour compléter cette œuvre de destruction, le commandant Cloué et le capitaine Osborn du *Vésuvius* remontèrent avec leurs embarcations le Liman d'Ouklîouk jusqu'au 46°30′, et s'emparèrent des blés et des fourrages amassés partout en grande quantité.

Ainsi se continuaient les poursuites les plus actives le long de ces côtes, que l'ennemi dut abandonner complètement et plein de rage. Mais bientôt la mission de couper les approvisionnements devint plus délicate à mesure que la saison avançait; en quelques heures, le mauvais temps s'établissait; il fallait s'éloigner rapidement de terre et cesser toute reconnaissance sous peine de perdre les embarcations.

Ce fut alors que le *Brandon* partit en mission diplomatique à Anapa que les Russes avaient abandonné spontanément le 5 juin, et où les Turcs avaient établi Sefer-Pacha comme gouverneur.

Il s'agissait de triompher des répugnances circassiennes et d'amener les autorités à démanteler la place du côté de la mer, afin que l'ennemi s'il venait à réoccuper la ville n'eût plus aucune chance de s'y maintenir. Le commandant Cloué, par sa douceur et son habileté, réalisa toutes ses instructions à la lettre, — il obtint même de Sefer-Pacha l'autorisation de charger sur un navire de commerce les six mille projectiles laissés par les Russes, et plus de mille ballots de foin. Enfin, il put ramener soixante bœufs à Sébastopol et établir à Anapa un commissaire (M. Montandon) qui centralisa dès lors le service de boucherie pour l'armée.

* * *

Pendant que ces différents faits se passaient, dans la mer

d'Azof, les troupes de Crimée livraient les sanglantes attaques de Malakoff, Grand-Redon, Bastion-Central et entraient en vainqueurs à Sébastopol, le 12 septembre 1855.

Le succès était immense, mais la victoire avait coûté cher; les états-major accusent pour la durée du siège : quarante-un mille Français, treize mille Anglais et cent mille Russes hors de combat. Avant de quitter la ville, les Russes livrèrent aux flammes ce qui restait de leurs navires.

Sébastopol pris, les flottes ennemies anéanties, les alliés songèrent à trouver un emploi pour l'immense force navale réunie dans la mer Noire.

Le point stratégique le plus important sur les côtes était la ville de Nikolaïef, mais pour la bloquer et se rendre maître de l'embouchure du Dniéper, il fallait détruire la citadelle de *Kinbourn*. Les alliés décidèrent donc l'enlèvement de cette dernière place avant l'approche imminente de l'hiver et l'amiral Bruat donna le 2 octobre l'ordre au commandant Bouet de renvoyer immédiatement à Kamiesh le *Brandon* et tous les navires légers en croisière dans la mer d'Azof.

Le 7 octobre, huit mille cinq cents hommes, pris dans la brigade française Wimpffen et la brigade anglaise Spencer, furent embarqués et mis sous le commandement supérieur du général Bazaine. Puis, les escadres conduites par les amiraux Bruat et Lyons, appareillèrent pleines d'enthousiasme.

Les instructions particulières, données au commandant Cloué, étaient les suivantes :

« Dès que je vous ferai le signal de faire route pour votre destination, vous prendrez à la remorque la *Mitraille* et vous vous dirigerez sur la pointe de Kinbourn à l'embouchure du Dniéper. Vous y trouverez la bombarde *Sésostris* et vous resterez jusqu'à nouvel ordre en croisière avec ces deux navires devant Kinbourn, rassemblant toutes les données hydrographiques possibles sur le pays.

« Je compte sur les connaissances toutes spéciales dont vous avez fait preuve pour coordonner les résultats de cette exploration. Je vais vous laisser libre pendant quelques journées et je désire qu'à l'arrivée de l'escadre vous soyiez en mesure de remettre à chaque capitaine un croquis de l'embouchure du Dniéper.

« Pour assigner à chaque bâtiment son poste de combat, j'aurai besoin d'un plan construit sur une très grande échelle, accompagné d'une vue des forts et des batteries ; vous viendrez me le remettre dès que l'escadre sera en vue, en m'indiquant aussi exactement que possible le nombre des canons, la direction de leur feu, et l'extrême portée présumée.

« Signé : BRUAT. »

Les escadres, donnant au *Brandon*, liberté de manœuvre se dirigèrent d'abord sur Odessa, qu'elles effrayèrent, puis après avoir laissé les Russes incertains sur leur véritable objectif, se présentèrent le 14 octobre devant *Kinbourn*.

Pour défendre l'entrée du Liman, plusieurs fortifications avaient été construites par les Russes ; c'étaient :

1° Du côté du Sud, sur la langue de terre de Kinbourn[1], la petite forteresse du même nom, et deux batteries avancées[2] ;

2° Du côté Nord, le fort Nikolaewsk que flanquaient également deux batteries.

La citadelle de Kinbourn, ancien ouvrage turc, présentait la forme d'un tétragone irrégulier. Les fronts, du côté de la mer, montraient des casemates voûtées, recouvertes d'une épaisse couche de terre; et l'armement se composait de soixante-dix canons. Comme cette place se trouvait à une distance éloignée du Liman et de l'extrémité de la langue de sable, les Russes avaient élevé deux batteries armées chacune de neuf pièces, et réunies par une double tranchée pouvant contenir une compagnie d'infanterie.

Le fort Nikolaewsk, situé sur un cap peu élevé, à un kilomètre de la ville d'Otchakow, ne comprenait qu'un ouvrage à cornes.

En un mot, toutes proportions gardées, Kinbourn était

1. *Kil*, pointe; *bourn*, sable.
2. Voir le plan particulier, page .

l'analogue de Kertch; — celui-ci fermait la mer d'Azof, — celui-là le Liman du Dniéper et du Bong.

Grâce aux plans fournis par le commandant Cloué, les quatre chaloupes canonnières françaises : *Tirailleuse*, *Stridente*, *Meurtrière* et *Mutine* purent, dès la nuit de l'arrivée, et à la faveur de l'obscurité, franchir avec cinq canonnières anglaises la passe d'Otchakow. Aussi, malgré la violente canonnade de l'ennemi, elles se trouvaient le lendemain matin en position dans le Liman, pour prendre à dos les troupes qui voudraient s'opposer au débarquement.

Le 15 octobre, le corps expéditionnaire est mis à terre, à quatre mille cinq cents mètres environ dans le sud de Kinbourn, par mer assez forte, et l'attaque est décidée pour le 17 octobre.

Dès l'aube de ce jour, les amiraux hissent le signal de se préparer au combat, et le général Bazaine fait avancer son armée dans le Nord.

Le soleil se lève radieux, le vent est complètement tombé, — le *Brandon* est stoppé à quelque distance de la côte, attendant son commandant qui, avec un canot, place les bouées devant indiquer le mouillage de l'escadre, — et l'on voit s'avancer lentement trois navires d'un modèle nouveau : la *Dévastation* (Montaignac), la *Lave* (Cornulier-Lucinière) et le *Tonnant* (Dupré), batteries flottantes, revêtues de plaque de fer, le premier, type lourd et disgracieux, mais déjà puissant des flottes cuirassées.

Leur couleur grise — toile mouillée, — leur donne sous ce ciel blanc un aspect des plus terribles et des plus sinistres.

Elles s'embossent bientôt au Sud de Kinbourn et ouvrent à 9 h. 25 un violent feu d'artillerie, dont les premières bordées, tirées à sept cents mètres, font voler en éclats la maçonnerie, tandis que les projectiles ennemis viennent se briser sur leur blindage[1].

Vers dix heures, ces bâtiments sont rejoints par trois

1. Extrait du journal personnel du commandant Cloué.

vapeurs : le *Dauphin*, le *Vauban*, le *Labrador*, qui viennent en seconde ligne ; puis cinq canonnières viennent se placer perpendiculairement à la côte[1]. Ce sont : la *Grenade* (Jauréguiberry), la *Flèche* ( ), la *Mitraille* (Bouchet-Rivière), la *Flamme* (de Champeaux) et l'*Alarin* (d'Oseray). Enfin plus en arrière, les onze bombardes arrivent à leur tour ; et toute cette flottille commence sur la place un feu vertical, auquel les forts ennemis répondent énergiquement.

Au bout d'une heure, les cinq canonnières dont nous avons parlé, faisant route en ligne, s'avancent jusqu'à la hauteur des batteries cuirassées[2].

A midi, le commandant Cloué signale à l'amiral qu'il a terminé le mouillage des bouées ; il lui est répondu de venir de suite prendre la tête de l'escadre et de la conduire au combat devant la forteresse principale de Kinbourn.

Le *Brandon* dirige alors les flottes alliées, qui marchent sur deux rangs, ayant en tête le *Montebello* (Bruat) et le *Royal-Albert* (Lyons) et s'embossent, avec une ancre à jet de l'arrière et une grosse ancre de l'avant, à 1.600 mètres dans l'Ouest du fort.

Aussitôt après, le *Brandon* reçoit l'ordre de diriger sept frégates anglaises sous les ordres de l'amiral Stewart et cinq frégates françaises, sous le commandement de l'amiral Pelion, pour forcer les passes d'Otchakow et prendre les forts à revers.

Sous le bombardement formidable de plus de mille bouches à feu, les maçonneries s'écroulent et l'incendie dévore les bâtiments intérieurs de la forteresse. Vers deux heures, l'artillerie ennemie cesse de répondre, et les amiraux envoient des parlementaires au général Kokonovitch pour le sommer de rendre la place dans les quinze minutes qui suivent.

Les murs externes et internes des casemates étaient percés à jour par les projectiles, et toutes les constructions se trou-

1. Voir dans le plan, la première position des canonnières françaises.
2. Voir dans le plan la deuxième position des canonnières.

vaient dans un gros état de démolition. Le général se rendit avec sa garnison.

« En résumé, écrit l'amiral Bruat dans un rapport au ministre de la marine, j'attribue ce prompt succès : en premier lieu à l'investissement complet de la place par terre et par mer ; en second lieu au feu des batteries flottantes dont le feu, dirigé avec une précision admirable, eût suffi pour renverser de plus solides murailles. »

La prise de Kinbourn marque une grande date dans notre histoire maritime ; elle est comme l'avènement d'une flotte nouvelle, et met en lumière la puissance des batteries blindées ; on peut la considérer comme le point de départ de ces navires cuirassés qu'il était donné au commandant Cloué de revoir encore dans la guerre de Sécession, et dont il pourrait apprécier une fois de plus toute l'efficacité.

L'occupation du Liman du Dniéper sonna la fin des hostilités. La marine avait fait le premier acte de guerre en bombardant Odessa, elle fit aussi la dernière démonstration militaire en écrasant Kimbourn le 17 octobre 1855.

Après avoir réparé les brèches du fort, on laissa le pays aux soins d'une petite garnison française, sous la protection d'une division navale, qui se trouva, pendant cet hiver 1855-1856, en présence de tous les périls d'une campagne polaire.

Quant à l'amiral Bruat, après avoir rendu visite au Sultan, il appareilla le 15 novembre pour rentrer en France avec son escadre, dont le *Brandon* faisait partie ; c'est dans cette traversée qu'il mourut. Depuis longtemps déjà, sa santé donnait de sérieuses inquiétudes ; il ne voulait confier à personne le soin de surveiller l'escadre pendant la traversée de l'archipel, qui exigeait de grandes précautions. Les nuits blanches passées sur le pont achevèrent sa santé.

Le 18 novembre, la flotte doublait Matapan, et toutes les difficultés de la navigation s'évanouissaient.

« L'amiral s'aperçoit cependant que la route n'est pas la meilleure et veut la rectifier. L'obscurité ne permet déjà plus de communiquer par signaux, et il donne l'ordre au *Brandon*

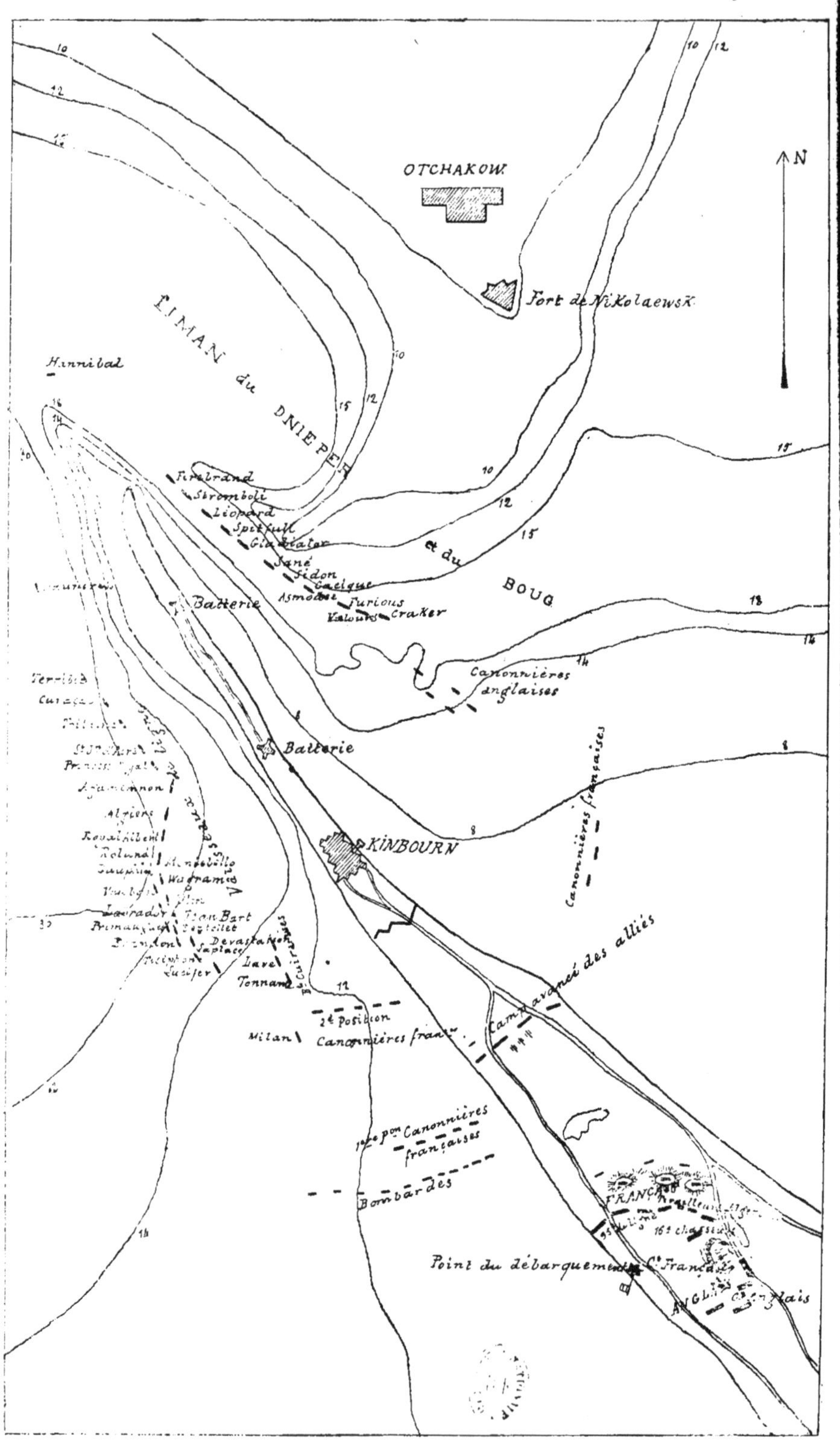


ATTAQUE de KINBOURN. (17 Octobre 1855.)

de parcourir la ligne pour faire connaître à chaque bâtiment le changement de route.

« L'amiral est inquiet, agité, et tout à coup, sur sa galerie, qu'il ne quitte pas, il tombe, les entrailles affreusement torturées[1]. »

Pendant la nuit, le mal s'aggrave, et le lendemain il s'éteignait vers trois heures de l'après-midi.

L'escadre fit son entrée à Toulon le 31 novembre 1855, et peu après, le 5 décembre, le lieutenant de vaisseau Cloué, recevait du ministre, secrétaire d'État de la marine, la lettre suivante :

« L'Empereur, Monsieur, par un décret du 1er de ce mois vous a promu au grade de capitaine de frégate. Vous devez cet avancement au courage dont vous avez fait preuve à la prise de Kinbourn. »

Pendant l'année suivante, le commandant Cloué fit paraître sous le titre : *Renseignements hydrographiques sur la mer d'Azof* (1 volume in-8°, avec un grand nombre de vues de côte intercalées dans le texte), toutes les notes qu'il avait glanées et recueillies pendant sa campagne.

1. Amiral Jurien de la Gravière (Souvenirs d'un amiral).

# VI

## DEUXIÈME CAMPAGNE A TERRE-NEUVE
## 1857-1862

Le capitaine de frégate Cloué est nommé au commandement de l'*Ardent*, et refait un nouveau séjour de cinq années à Terre-Neuve. — Cause de l'envahissement du French shore par les étrangers. — Cartes publiées pendant cette campagne. — Promotion au grade d'officier de la Légion d'honneur.

De retour à Paris, le 21 décembre 1855, le capitaine de frégate Cloué reprit bien vite, au dépôt des cartes, les travaux qu'il avait interrompus pour commander le *Brandon* pendant la guerre de Russie. Il y passa toute l'année 1856, surveillant la gravure de ses cartes et rassemblant les indications les plus utiles aux marins, qu'il publia dans les *Annales hydrographiques*, sous le nom : *Renseignements sur nos pays de pêche.*

Ce fut alors que le chef de la division navale de Terre-Neuve, le capitaine de vaisseau Mazères (depuis vice-amiral) qui avait entre les mains un exemplaire de l'ancienne édition du *Pilote*, annoté par le commandant Cloué, montra au ministre toute la valeur des corrections faites par le capitaine de la *Fauvette*, et demanda que les vieilles *Instructions* absolument insuffisantes fussent refaites en entier.

L'amiral Hamelin, ministre de la marine, qui avait eu plusieurs fois l'occasion d'apprécier les aptitudes particulières du commandant Cloué, le désigna pour remplir cette mission ; — ce dernier prit donc, au printemps de 1857, le commandement de l'aviso à vapeur l'*Ardent*, et revint à Terre-Neuve continuer ses études de prédilection.

Pendant cinq nouvelles années, de 1857 à 1862, il consacra la belle saison à recueillir des documents, à amasser des matériaux, et l'hiver, en France, à mettre de l'ordre dans ses notes et à rédiger ses travaux.

Chaque printemps le vit reprendre la même route de Saint-Pierre et Miquelon, soit avec l'*Ardent*, soit avec le *Sésostris* (1860) ou le *Milan* (1861). Loin de le lasser et de le rebuter jamais, cette campagne, pénible surtout par sa monotonie répétée, l'attirait et l'intéressait toujours davantage. Il s'y montra tel qu'il avait toujours été, travailleur infatigable, heureux du devoir accompli, fidèle à son poste.

Chargé tous les ans de la surveillance de la pêche, il défendit, avec énergie, nos droits et s'opposa de toutes ses forces aux empiètements britanniques. Ce fut le premier qui signala la cause dominante de l'envahissement du French-shore par les étrangers.

Nos saumoneries étaient en pleine décadence, et les armateurs français, loin de comprendre dans quelle mauvaise voie ils s'engageait en négligeant ainsi cette industrie, allaient jusqu'à vendre leurs places aux Anglais, moyennant une très faible rétribution sur le produit de la récolte.

Et les pauvres familles anglaises, trouvant qu'il n'y avait pas lieu de dédaigner même d'aussi faibles ressources, envahissaient graduellement nos bancs et nos pêcheries, s'engageant volontiers, quitte à laisser dormir leur promesse, à ne pas pêcher la morue, et à s'attaquer uniquement au saumon.

C'est ainsi que, pas à pas, dans l'esprit des étrangers s'accrédita la pensée que notre privilège ne s'étendait qu'à la pêche de la morue.

En même temps, le commandant Cloué rassemblait des documents nécessaires à la publication du nouveau *Pilote de Terre-Neuve*, il levait vingt-cinq cartes accompagnées de renseignements les plus divers, de positions géographiques déterminées avec soin, de vues de côtes, et d'indications sur l'aiguille aimantée.

Ce sont :

Les plans : 1° de la baie *Sainte-Barbe ;* 2° du *Paquet ;* 3° du *Port-au-Choix ;* 4° de l'île *Saint-Jean ;* 5° du bras de *Jackson ;* 6° de la baie des *Castors ;* 7° du hâvre de la *Fleur-de-Lys ;* 8° de *Bonne-Baie ;* 9° de la baie *Saint-Georges ;* 10° de la baie *Sainte-Geneviève ;* 11° du hâvre du *Cap-Rouge ;* 12° de la baie d'*Ingornachos ;* 13° du port de *Saunder* et des hâvres de *Keppel* et de *Hawke ;* 14° du bras du *Milan ;* 15° de la baie de *Haha ;* 16° de la baie *Sainte-Marguerite ;*

17° Les hâvres des *Aiguillettes* et de *Grévigneux ;* 18° ceux du *Gouffre* et des *Canaries ;*

19° Les cartes : de la baie *Saint-Jean ;* 20° de la *côte N.-O. de Terre-Neuve ;* 22° de la côte comprise entre le *Cap-d'Oignon* et la *Baie-aux-Lièvres* ; 23° de la côte *N.-E. de Terre-Neuve ;* 24° de la baie de *Canada ;*

Enfin : 25° la carte des *bancs situés au sud* de l'île de *Terre-Neuve.*

Ce dernier travail a une grande importance. En 1858, plusieurs navires français avaient fait une pêche merveilleuse sur l'un de ces bancs appelé *Banquereau ;* lequel, mal placé sur les cartes, n'avait put être retrouvé les années suivantes. M. de la Roncière le Noury, commandant alors la division navale de Terre-Neuve, pria le commandant Cloué de rechercher cette zone si vantée, et de lever en même temps la carte des bancs avoisinants.

Depuis lors, les navires qui se livrent à la périlleuse industrie de la pêche se rendent, chaque année, en grand nombre dans ces parages, et en retirent de notables quantité de poisson.

Le gouvernement récompensa le commandant du *Sésostris*, des services importants qu'il rendait à la France, en lui donnant la croix d'officier de la Légion d'honneur, le 30 décembre 1860.

---

# VII

## GUERRE DE SÉCESSION

### § I. — PREMIER VOYAGE DU *MILAN* A LA NOUVELLE-ORLÉANS

Le capitaine de frégate Cloué part avec le *Milan* pour sauvegarder les intérêts de nos nationaux. — Situation générale des deux partis en présence; activité déployée par le Nord. — Apparition des *rams* et des *monitors;* guerre de courses. — Arrivée du *Milan* à Saint-Thomas, où l'affaire du Trent cause une grande agitation, et à la Havane au moment du départ de l'expédition espagnole contre le Mexique. — Questions de jurisprudence soulevées par le blocus. — Le *Milan,* à l'embouchure du Missisipi, est abordé dans la nuit par un navire américain qui le prend pour un ennemi et lui brise sa roue de babord. — Voyage du commandant Cloué à la Nouvelle-Orléans; nos compatriotes ne pouvant réunir les fonds nécessaires à l'affrètement d'un navire de commerce, il revient à la Havane.

Depuis le commencement de l'année 1861, la guerre civile déchirait la République des États-Unis.

Le *Sud*, enorgueilli par ses premiers succès, ne voulait reculer devant aucun moyen pour rendre sa rébellion triomphante, et le *Nord* faisait des efforts désespérés pour écraser la terrible insurrection.

Les négociants français des États-Unis, et en particulier ceux de la Nouvelle-Orléans, dont les intérêts étaient gravement compromis, adressèrent à l'Empereur Napoléon de pressantes pétitions pour demander du secours.

L'envoi d'un bâtiment de guerre fut décidé et le capitaine

de frégate Cloué, au lieu de rentrer en France, partit de Terre-Neuve avec le *Milan* pour sauvegarder les intérêts de nos nationaux.

A son arrivée en Amérique, la toile venait de tomber sur le premier acte de la guerre, — l'attaque du fort *Sumter* par les gens de Charleston en avait été le prologue; puis était venu le désastre de *Bull-Run*.

Jusque-là, surpris par les événements, le Gouvernement fédéral n'avait pu que prendre à la hâte des mesures provisoires, et tous les avantages au début de l'insurrection avaient été en faveur des insurgés. Ils étaient prêts pour une lutte à main armée, le *Nord* ne l'était pas?

Depuis bien longtemps l'œuvre de la *Sécession* se préparaît.

Sous prétexte de s'organiser militairement pour la répression des soulèvements d'esclaves, les États du Sud s'étaient donnés une milice permanente qui marcherait au premier signal.

Les gens du Nord, pendant ce temps, se reposaient avec confiance dans le jeu régulier de la constitution et ne s'occupaient que de leurs affaires d'argent.

Enfin, les partisans du Sud étaient en majorité dans le ministère Buchanan, et ils en avaient profité pour faciliter de mille manières les desseins de leurs complices.

La veille même de la crise à laquelle l'élection Lincoln vint donner lieu, l'un d'entre eux, le ministre de la guerre M. *Floyd*, avait vendu sur les marchés du Sud une partie des armes qui étaient la propriété de la nation, et transporté le reste dans les arsenaux de ses partisans.

De plus, il avait également envoyé au Texas toute l'armée régulière, mettant entre elle et Washington la barrière des États à Esclaves.

Rien n'avait donc manqué aux précautions prises par les confédérés, ils avaient fait pour la marine de même que pour l'armée; elle était dispersée aux quatre coins du globe.

Lorsque M. Lincoln prit le pouvoir, la marine militaire n'existait plus. L'incendie des navires réunis à Norfolk avait commencé l'œuvre de désorganisation, — la défection de deux cent cinquante officiers originaires des États rebelles, vint lui porter le dernier coup.

Grandes furent alors les craintes du Gouvernement fédéral, car la majorité des navires marchands portant le pavillon des États-Unis appartenaient aux ports septentrionaux de l'Union. Le Sud était déjà ce qu'il est aujourd'hui : le producteur, et le Nord le négociant.

Sous peine de pertes immenses, l'on devait donc protéger cette marine marchande qu'une poignée de croiseurs sortis des ports ennemis pouvaient si facilement anéantir. Et pour cela il fallait bloquer les ports du Sud, ce qui empêcherait à la fois l'introduction des armes et la sortie du coton, du tabac et des autres produits formant la richesse des confédérés.

En un mot, il fallait tout créer, tout improviser pour que la marine pût jouer un rôle efficace dans la lutte, et telle fut l'activité admirable du ministère qu'à la fin de l'année 1861, il avait acheté et équipé cent quatre-vingt-dix bâtiments.

Il suffit, en outre, de jeter les yeux sur la carte pour voir quelle tâche difficile ce fut de maintenir un pareil blocus, pendant près de quatre années.

*
* *

Le commandant Cloué se trouva donc, par la nature de sa mission, mêlé intimement aux principaux épisodes de cette grande guerre, si pleine d'enseignements de toutes sortes, et où la marine joua un rôle des plus prépondérants.

C'est ainsi qu'il put assister à la nouvelle évolution de cette flotte cuirassée qui avait sommeillé depuis Kinbourn.

Le blocus rendait au Nord un service réel ; — aussi les gens du Sud cherchaient-ils tous les moyens de s'en débarrasser ; on apprit bientôt qu'ils construisaient dans les rivières des navires d'une nouvelle espèce les *rams*[1], très-ras sur l'eau, à muraille et à ponts cuirassés, armés de quatre ou six canons

1. Béliers.

rayés de sept à neuf pouces (système Brooks) dans un fort central, lançant des projectiles cylindriques de cent à cent cinquante kilos et dont plusieurs pièces tiraient dans l'axe.

Ces *rams* à éperons étaient des machines de guerre formidables, et le Nord y répondit par la création des *Monitors* cuirassés sur les flancs, avec un pont blindé à fleur d'eau. Ces derniers ne portaient que deux canons lisses énormes, enfermés dans une tourelle en fer très épais, et qui tournait d'une seule pièce.

Le premier *ram* confédéré fut le *Merrimac* qui détruisit à Hampton-Roads deux frégates fédérales (*Cumberland* et *Congress)*; le premier adversaire du Nord fut le *Monitor*.

Outre les navires cuirassés destinés à lutter avec les bâtiments de guerre, de nombreux croiseurs rapides avaient été armés par les confédérés pour anéantir le commerce du Nord.

Les prises furent nombreuses de part et d'autre, et dans cette lutte de courses, le commandant Raphael *Semmes* a personnifié le corsaire et laissé un nom populaire.

Cet ancien officier de la marine fédérale, hardi et énergique, accepta le commandement du *Sumter* (ex Marques de la Habana) paquebot rapide à hélice, et, avec un équipage d'aventuriers se fit une célébrité européenne.

D'accord avec les lois internationales, Semmes envoya d'abord à la Nouvelle-Orléans les premiers navires qu'il captura, mais ces prises étant retombées entre les mains des ennemis, il s'affranchit de toute contrainte, et foula aux pieds le droit des gens. Aussitôt pris, le navire était brûlé, l'équipage sans ressources déposé dans le port le plus prochain, et Semmes ne gardait comme souvenir de l'affaire que les montres de ses victimes.

* * *

Le 17 novembre 1861, le *Milan* venant de Terre-Neuve relâchait à Saint-Thomas pour y achever une légère réparation d'un cylindre à vapeur. L'opinion publique était vivement émue d'un acte *de piraterie* récemment commis par un bâtiment américain le *San-Jaenito*, qui avait enlevé de vive force quatre personnes embarquées comme passagers sur le paquebot de la malle royale anglaise le *Trent*.

Les bâtiments de guerre sur rade demandaient à leur gouvernement des instructions pour savoir quelle conduite ils devraient tenir dans le cas où un paquebot demanderait du secours dans une circonstance pareille et dans les mêmes parages.

La réparation de la machine terminée, le commandant Cloué appareilla pour la Havane où il arriva le matin du 27 novembre 1861, au moment précis où sortait du port la première division de l'expédition espagnole pour le Mexique.

La garnison et toute la population couvraient les quais, les maisons et les forts, saluant de leurs cris d'enthousiasme les troupes qui partaient peut-être pour une nouvelle conquête.

Des *tugs-boats* à vapeur pavoisés, chargés de monde et portant de la musique, accompagnaient jusqu'au Morro les navires sortants.

En cette heure fraîche du matin où le soleil ardent n'a point encore touché de sa lèvre de feu le sol et la mer des Antilles, l'âme se trouve plus libre et plus disposée à se laisser aller à l'enthousiasme, le commandant, du haut de sa passerelle, suivait d'un œil d'envie les couleurs d'*Isabelle et Léon*, qui allaient se perdre au loin, et revoir une fois encore le sol conquis par Fernand Cortès, et son âme ardente rêvait une part de cette gloire qu'il voyait planer sur l'expédition.

Nous verrons plus loin que le destin du commandant Cloué était d'assister à la dernière partie de ce drame lugubre appelé la guerre du Mexique, et d'attacher son nom à ces souvenirs pleins de tristesse.

Enfin, après le départ des deux autres divisions espagnoles qui quittèrent la Havane avec le même cérémonial, le *Milan* ayant terminé toutes ses rechanges, fit route pour surveiller les côtes des Etats-Unis, et voir si, malgré le mauvais temps, les croiseurs du Nord tenaient leur poste de garde aux bouches du Mississipi.

La proclamation du blocus faite après le bombardement

du fort Sumter, soulevait alors une des plus graves questions de jurisprudence nationale.

1° Un gouvernement avait-il le droit par mesure de police de mettre en blocus une partie de ses propres côtes, et de saisir les navires neutres ?

2° Et dans le cas affirmatif n'était-ce pas reconnaître aux insurgés la qualité de belligérants ? (ce qui devenait contraire aux affirmations des fédéraux ?)

Cette question ne fut jamais débattue à fond ; et l'Angleterre se hâta de profiter de la proclamation du blocus pour reconnaître aux insurgés le droit de belligérants, et déclarer sa neutralité.

*
* *

Le 27 décembre, dans l'après-midi, le *Milan* avait atterri sur les bouches du Mississipi, où se trouvaient mouillés trois bâtiments de l'Union Américaine[1] : une *canonnière* à la partie nord de la passe, à la Loutre ; la frégate à roues *Mississipi* à la partie sud de la même passe; et la corvette à voiles *Saint-Vincent*, vis-à-vis l'entrée de la passe sud-est.

Avant le soir, l'aviso français s'était suffisamment rapproché de ces bâtiments pour bien les reconnaître, et avait hissé son pavillon.

Le vent soufflait frais du N.-N.-E. et la mer était grosse, le commandant Cloué se décida, pour remplir plus promptement sa mission auprès du commandant américain, à aller pendant la nuit chercher un mouillage à l'abri de la mer, non loin de la frégate.

Après avoir navigué constamment à la sonde, le *Milan* se trouvait, à une heure du matin, à quatre milles dans le sud du *Mississipi ;* le commandant fit alors ajouter aux feux réglementaires les fanaux de position, pour bien montrer sa présence, et dans l'espoir qu'un signal quelconque viendrait lui indiquer la position exacte du mouillage des bâtiments.

1. Voir le plan ci-joint, page .

Des feux de Bengale rouges, puis verts, brûlèrent bientôt dans le N.-E. ; le *Milan* y répondit par plusieurs artifices, et ralentit son allure.

Peu après, dans l'obscurité, on aperçut un navire à vapeur, à roues, qui se dirigeait à toute vitesse sur le croiseur français.

Le commandant fit aussitôt stopper la machine pour faciliter la communication, et se tint sur l'arrière pour échanger les questions et réponses d'usage à la mer.

Laissons ici la parole au commandant Cloué lui-même :

« Le navire américain le *Dasoto* gouvernait à nous passer à poupe ; lorsque je l'estime arrivé à 50 mètres, je le hêle ainsi :

« *Steamer oh ! We are the french man of war Milan, where is your commodore ?*

« N'obtenant aucune réponse, je répète les mêmes paroles en français : le *Dasoto*, filant comme une flèche, nous range alors à dix mètres de distance et nous élonge ensuite par bâbord.

« Son tambour de tribord vient heurter le côté bâbord du *Milan* et écraser complètement sa roue. En même temps une de ses vergues accroche notre vergue de misaine et la casse au ras du capelage des bras.

« Le choc a été tel, que le tambour de l'américain, qui est extrêmement élevé, est monté par dessus le bord et nous a donné une forte bande à bâbord. L'obscurité empêchant de discerner ce qui avait eu lieu, l'on crut un moment que le *Milan* avait été crevé et remplissait.

« Les deux bâtiments s'étant séparés, le *Dasoto* héla en français : *Quel est votre nom ? Faites-vous de l'eau ?*

« J'ai répondu : Envoyez un canot *à bord et vous le saurez*.

« Un canot vint en effet avec un officier, un aspirant et un maître ; ces deux derniers servant de truchman à l'officier. Ils apportaient les excuses du *Captain Walker*, commandant le *Dasoto*, qui déclarait être *bien fâché de l'erreur* qu'il avait commise et s'engageait à payer tout le dommage causé ; — il promettait en outre de ne pas me quitter et de m'assister de tous ses moyens.

« J'ai répondu : Dites à votre commandant que je n'accepte aucune excuse,-attendu que loin de me cacher, j'ai montré tous mes feux, et qu'au lieu de me héler et d'écouter ce que je lui criais, il est venu à toute vitesse et a mis sa barre toute à bâbord en arrivant derrière moi ; — sans cela, il ne m'eut pas abordé. »

J'ajoutai :

« Quand à sa proposition de rester près de moi jusqu'au jour, votre capitaine n'avait pas besoin de la faire ; il ne peut me quitter sans se déshonorer, car le *Milan* est paralysé : il n'est plus ni navire à voiles, ni bâtiment à vapeur. Allez dire au commandant du *Dasoto* qu'il prendra à la remorque le *Milan*, dès le point du jour, et nous conduira à l'île *Ship*, le mouillage le plus sûr de ces parages. »

Cette attitude ferme du commandant Cloué en imposa à l'Américain. Au jour, en effet, le *Milan* fut remorqué au mouillage indiqué et jeta l'ancre auprès de la *Niagara*, portant le pavillon du commodore *Mac-Kean*.

Pendant la traversée, le capitaine Walker dit à un officier français envoyé pour une communication concernant la route : « Il est heureux que votre commandant m'ait hélé quand j'arrivais derrière lui, car j'étais en branle-bas de combat, et *j'allais faire feu.* »

Cette phrase donnait l'explication de la manœuvre que le *Milan* avait prise pour une insigne maladresse. Le captain Walker avait fait le judicieux raisonnement : Ce navire montre ses feux, donc il est suspect; en conséquence il déchargeait ses pièces, abordait l'ennemi et jetait son monde à bord.

Dès l'arrivée à l'île Ship, le commandant français reçut des officiers américains toutes les assurances possibles de leur plus vif regret au sujet du fâcheux événement, — dont la diplomatie française était bien un peu cause. Elle avait complètement oublié de prévenir les belligérants de l'arrivée du *Milan*, et cette négligence faillit coûter cher.

Bombardement de Kinbourn. — Le *Brandon*, après avoir conduit l'escadre franco-anglaise au mouillage, prend son poste de combat.

Page 81.

Profitant de l'immobilité forcée à laquelle était condamné son navire, le commandant Cloué résolut de terminer de suite la première partie de sa mission, et de gagner la Nouvelle-Orléans.

Le commodore Mac-Kean, qui était très désireux d'effacer le mauvais effet produit par l'abordage du *Dasoto*, promit d'aplanir toutes les difficultés et d'assurer le voyage, soit par le chemin de fer, soit par les lacs Borgne et Pont-Chartrain.

En ce moment, la situation militaire était la suivante :

Les fédérés ou Américains du Nord occupaient l'île Ship avec deux mille hommes environ, et leurs forces navales, bloquant le Mississipi, se composaient des navires :

*Niagara* et *Colorado* (frégates à hélice) ; *Mississipi* (frégate à roues); *Preble* et *Saint-Vincent* (vieilles corvettes à voiles) ; *Massachusett*, *Rhode. Island*, *Santiago de Cuba* et *Dasoto* (paquebots transformés) ; quelques petits vapeurs et des transports à voiles.

Dans le camp adverse, la Nouvelle-Orléans se croyait invulnérable par mer. Il suffit de jeter les yeux sur la carte (carte ci-jointe, n° page ) pour se faire une idée de la configuration extraordinaire des bouches du Mississipi.

Le grand fleuve apporte, comme le Nil, des eaux vaseuses, et forme un delta qui possède deux jetées naturelles.

Deux ouvrages importants, les forts *Jackson* et *Saint-Philippe* commandent en outre le cours du fleuve ; aussi l'attaque de la Nouvelle-Orléans par le bas du Mississipi était-elle regardée par les confédérés comme n'ayant aucune chance de réussite.

Les gros bâtiments de guerre ne pouvaient remonter, et les petits avaient à détruire une estacade établie solidement dès les débuts de la guerre.

Le Commandant Cloué ayant choisi la voie de terre pour faire son voyage diplomatique, le Commodore américain désigna de suite le *Water-Witch*, capitaine *Hughes*, pour le porter ; le Commander *Smith* du *Massachusett*, chargé de toutes les expéditions à terre, et le plus ancien sur cette côte, devait l'accompagner ainsi que le colonel *Jones* du 26e chasseurs.

Cette surabondance d'officiers supérieurs, loin de flatter l'amour-propre du Commandant français, lui fit craindre au contraire qu'on ne prit le prétexte de sa mission pour aller inspecter la côte ennemie, à l'abri d'un pavillon parlementaire.

La brume épaisse vint heureusement retarder le départ, et le *Water-Witch* se trouvant ensuite empêché d'appareiller par un travail de machine, le Commandant Cloué saisit au vol cette occasion inespérée de s'affranchir de l'assistance des Unionistes. Il se hâta donc de partir le dimanche matin (5 janvier 1862) avec trois jours de vivres dans le grand canot du *Milan*.

A la passe Christian trouvant le télégraphe brisé, il fut obligé par nuit close de remonter jusqu'à la baie Saint-Louis, où il put enfin communiquer, par lettre, avec notre représentant M. Méjean, et lui demander un vapeur pour atteindre la ville.

Il ne reçut que le lendemain, lundi soir, la réponse que tous les gunboats du Sud étaient en réparation, ou retenus par différents services dans le lac Pontchartrain, et qu'il lui fallait attendre plusieurs jours à *Shieldsboro*.

Rentrer à bord dans ces circonstances, c'était montrer aux Américains du Nord, l'absence complète des navires du Sud, alors qu'ils les croyaient employés à défendre les passes.

C'était aussi peut-être engager les fédérés à entreprendre une expédition qui n'eût rencontré que peu de résistance ; le Commandant Cloué préféra rester à Shieldsboro et renvoyer à bord du *Milan* son canot, pour y prendre quatre jours de vivres supplémentaires.

Le 9 décembre, au soir, enfin, la canonnière sudiste *Arrow* (armée d'un canon de 30) vint le chercher dans le bas du fleuve et il arriva à New-Orleans le 10 au matin.

Il y eut une convocation immédiate des quelques Français, principaux signataires de la pétition du 10 octobre 1861 — et comme l'on devait s'y attendre les opinions générales parurent singulièrement modifiées.

Les craintes d'une attaque contre la ville, motifs de la pétition, s'étaient évanouies, et avaient donné place à la plus grande confiance.

De plus, les ressources de nos compatriotes s'étaient épuisées dans les difficultés de la vie de chaque jour ; — tant était grande la cherté des vivres et la pénurie des approvisionnements !

La monnaie n'existait plus à la Nouvelle-Orléans ; elle avait été remplacée par du papier ou des morceaux de carton portant des signatures.

Pour quitter le pays et embarquer sur des navires de commerce à destination de la Havane, il fallait cependant de l'argent métallique et il était impossible que nos nationaux pussent songer à réunir rapidement le prix de l'affrètement demandé.

Les délégués français manifestèrent l'espoir d'obtenir ces fonds dans une quinzaine de jours, et prièrent le commandant Cloué de vouloir bien leur accorder ces délais.

Quoique ce ne fût pas dans ses instructions, le commandant du *Milan* promit au Consul de France d'envoyer à la fin du mois un bâtiment de guerre chercher la réponse; et il s'engagea, dans le cas où les sommes convenues auraient été déposées au Consulat, à affréter de suite à la Havane un ou plusieurs navires pour aller prendre à la Nouvelle-Orléans les Français désireux d'émigrer.

Voyant qu'il n'y avait plus rien à faire en ce moment pour ses compatriotes, et heureux d'avoir pu se rendre compte des forces en présence, le commandant Cloué se déclara prêt à rejoindre son bord.

La situation des confédérés était la suivante :

Leur côte entre Pascagoula et la passe Christian était dépourvue de troupes ; — il n'y avait que quelques rares cavaliers pour observer l'ennemi et prévenir de son arrivée. Près de Shieldsboro se trouvait établi un camp de 600 hommes (artillerie et infanterie) sans uniforme; les uns ayant un képi, d'autres une tunique, d'autres encore un pantalon à bandes.

Comme tout avait été consommé depuis le blocus, les États du Sud qui tiraient à peu près toutes leurs ressources de ceux du Nord, ou des pays étrangers, avaient été obligés de se suffire à eux-mêmes; on faisait de l'huile et du savon avec la graine de coton; on fabriquait des tissus, de la poudre, des canons, des petites armes.

La nécessité avait créé l'industrie; le Texas et le Tenessée étaient les greniers d'abondance des provinces révoltées et fournissaient les vivres.

La même canonnière *Arrow* opéra le retour de notre envoyé jusqu'à Shieldsboro où il retrouva son canot, qui le ramena à Ship Island dans la journée du 13 décembre.

Le *Milan* était prêt à prendre la mer dans des conditions aussi bonnes que possible, étant donné les ressources à peu près nulles du pays; et la traversée se fit sans encombre jusqu'à la Havane où le croiseur mouilla le 18 au matin.

Fidèle à sa promesse, le commandant Cloué expédia à la fin du mois, le 25 décembre, l'aviso le *Lavoisier* pour aller chercher la réponse des français de New-Orleans.

Ces derniers n'avaient pu ou voulu trouver aucun argent, et déclaraient qu'il était du devoir de leur gouvernement de faire seul les frais du rapatriement.

## § II. — PRISE DE LA NOUVELLE-ORLÉANS

Le *Milan* à la Havane, ses réparations. — Mauvaises nouvelles du Mexique. — Le Commandant Cloué se rend à Key-West et à l'embouchure du Mississipi. — Forces navales sous les ordres de l'Amiral Ferragut. — Le Commandant du *Milan* remonte le fleuve pour communiquer avec le Consul de France. — Aventure causée par un capitaine de canonnière fédérale. — Le Commandant Cloué est mis en prison. — Retour à bord. — Ferragut désaprouve la conduite de son capitaine. — Situation défensive de la Nouvelle-Orléans ; dispositions de combat prises par les fédéraux. — Le *Milan* et la frégate anglaise *Liffey* attendent les évènements. — Ferragut force le passage Jackson-Saint-Philippe et se présente devant la ville. — Emotion des habitants. — Panique dans le bas du fleuve. — Le croiseur français mouille devant la Nouvelle-Orléans. — Ultimatum de Ferragut. — Occupation de la ville, — Maladresses du général Butler. — Ordre du jour contre les dames. — Le *Milan* quitte la Nouvelle-Orléans pour remonter à New-York. — Travaux hydrographiques du Commandant Cloué sur les États-Unis.

Le *Milan*, accosté à quai, près de l'arsenal, passa tout le commencement de l'année 1862 en réparations à la Havane.

Le commandant Cloué put donc suivre de près toutes les phases de l'expédition du Mexique, car la Grande-Ile espagnole était le point de relâche principal des transports et le centre des approvisionnements généraux de l'armée.

Les nouvelles du Mexique n'étaient pas bonnes, et l'enthousiasme espagnol se montrait déjà refroidi. On commençait à craindre d'avoir été trompé par les Mexicains. Trop tard, on s'apercevait que l'expédition était plus sérieuse qu'on ne l'avait imaginé.

Aucun moyen de transport n'existait dans le pays; les mille bêtes de somme de l'armée n'avaient plus à manger ni une balle de foin, ni un sac d'avoine; on réclamait à grands cris des approvisionnements.

Et les quatre frégates françaises stationnées à la Havane se transformaient en transports; l'*Astrée* prenait cinq cents balles de foin, et autant de sacs d'avoine; une autre frégate embarquait cent mules; une troisième, des charrettes fabriquées dans le pays, tandis que leurs roues étaient confectionnées à Vera-Cruz (mystère de l'administration !).

Enfin, les bulletins officiels avouaient deux mille malades dans le corps expéditionnaire, et l'on était encore dans la belle saison ?

L'on ne pouvait plus se le dissimuler ; — c'était une grande guerre qui commençait.

Le 14 mars 1862, ayant terminé les réparations rendues nécessaires par l'abordage du *Dasoto*, le commandant Cloué quitta la Havane pour visiter les côtes de Floride.

Il trouva l'escadre du Nord à Key West (le Gibraltar américain), sous les ordres du Commodore Mac-Kean, montant la frégate *Niagara*. Elle comprenait deux divisions, commandée chacune par un commodore.

1° Le *Western gulf squadron*, chargée du littoral allant de Saint Andrew's Bay au Rio Grande, sous le pavillon du commodore *Ferragut* avec la corvette à hélice *Hartford*.

2° Le *Eastern gulf squadron*, surveillant la côte de Saint-Andrew's bay au Cap Carnovera, sous les ordres d'un commodore moins ancien, montant la corvette à hélice San-Jacinto.

Les fédéraux reprenaient, plus vivant que jamais, le projet d'occuper le cours du Mississipi, et de s'emparer de la Nouvelle-Orléans; car ils reconnaissaient la nécessité impérieuse de posséder ce grand fleuve, le débouché de tous les Etats de l'Ouest.

La ville de New-Orléans, était d'ailleurs la plus importante de toutes les cités de la Confédération, tant par sa population de 170.000 âmes, que par sa position stratégique déclarée imprenable.

Le Commodore Mac-Kean, ne cacha pas au Commandant Cloué ses intentions bien arrêtées de faire tenter une attaque sérieuse, dans le courant du mois suivant, sur le grand Fleuve.

Aussi le commandant du *Milan* disposa-t-il sa croisière de façon à se trouver le 4 avril au bas du Mississipi, afin de protéger nos nationaux, et de recevoir à son bord le Consul de France et tout le personnel des fonctionnaires.

Le Commodore Ferragut commandait en chef les forces navales fédérées réunies pour l'attaque ; son escadre se composait :

— De la frégate Colorado (48 canons) et de la corvette Brooklyn (24 canons) qui bloquaient depuis quelque temps le Mississipi ; — du sloop Iroquois (9 canons) rappelé des Antilles, — et des navires récemment équipés : corvettes-Richmond (26 canons), Hartford (24 canons), Pensacola (24 canons), Mississipi (12 canons), Oneida (9 canons), Portsmouth (17 canons) à voile, — des dix canonnières : Waruna, Cayuga, Winona, Katadin, Itasca, Kineo, Wissaickon, Pinola, Kennebeck, Sciota — plus 20 bricks à voiles, portant chacun un mortier, — et un grand nombre de remorqueurs.

* * *

Dès qu'il connut les intentions du Commandant Cloué, l'Amiral Ferragut se mit avec beaucoup de gracieuseté à sa disposition pour l'aider à communiquer avec le Consul de France, — le laissant libre, soit de remonter le fleuve avec le *Milan*, soit de prendre une des canonnières de son escadre pour l'aider à faire le voyage en canot.

Instruit par l'aventure du *Dasoto*, et craignant quelque nouvelle méprise, le Commandant Cloué préféra ce dernier mode de locomotion.

Il fut donc convenu que le remorqueur le conduirait jusqu'à trois mille des forts Jackson et Saint-Philippe, et le laisserait ensuite continuer sa route par ses propres moyens.

Le 8 avril, à 11 heures du matin, il partit en effet, avec la canonnière nordiste *Winona* qui avait pris sa baleinière à la remorque ; et vers 2 heures de l'après-midi le vapeur stoppa près de l'avant-garde composé du *Varuna* (commandant la flottille) de l'*Iroquois*, du *Katahdn*, et du *Kennebeck*.

Le chef de la division ayant hélé la canonnière, demanda l'objet de sa mission, et lui ordonna de hisser le pavillon parlementaire. Il ajouta qu'il allait en outre faire escorter l'officier français par une seconde canonnière portant également pavillon blanc.

Le capitaine du *Winona* fit observer que les ordres précis de l'Amiral portaient de remorquer le Commandant du *Milan* jusqu'au point où ce dernier jugerait convenable de continuer son voyage, et, qu'il n'avait été question ni d'un second navire, ni des pavillons parlementaires. Malgré ces explications, l'ordre ayant été maintenu par le commandant du *Waruna*, la canonnière *Kennebeck* appareilla, et vint se ranger côté-à-côte du *Winona*.

Cette longue discussion entre les capitaines fit entrer dans l'esprit du commandant Cloué des sentiments de grande défiance, et pour se mettre prudemment en dehors d'incidents désagréables, il fit accoster son embarcation et déclara que les pavillons blancs et la deuxième canonnière étaient de trop.

« Je ne veux pas, ajoute-t-il, aller en vue des forts pour « que nos adversaires me reprochent de favoriser une recon- « naissance de leurs positions. Je suis neutre et veux rester « neutre ; — en conséquence je vous prie de stopper et de « retourner en arrière ; — je préfère mettre cinq heures pour « atteindre le fort Jackson. »

Le capitaine du *Winona*, comprenant le scrupule du commandant français, fait part de ces résolutions à son collègue du *Kennebeck*, qui n'était pas à plus de 50 mètres ; mais celui-ci répond qu'il continuera sa route quand même en ajoutant le pavillon français au pavillon parlementaire.

Le Commandant Cloué furieux, lui déclare qu'il s'y oppose formellement, et quitte aussitôt le bord avec sa baleinière. A ce moment, les canonnières se trouvaient à 5 milles des forts, et il y avait environ quatre nœuds de courant. Après avoir gagné péniblement la côte, et vu les canonnières reprendre leur route en arrière vers la division d'avant-garde, le Commandant Cloué pouvait croire que l'incident était fini ;

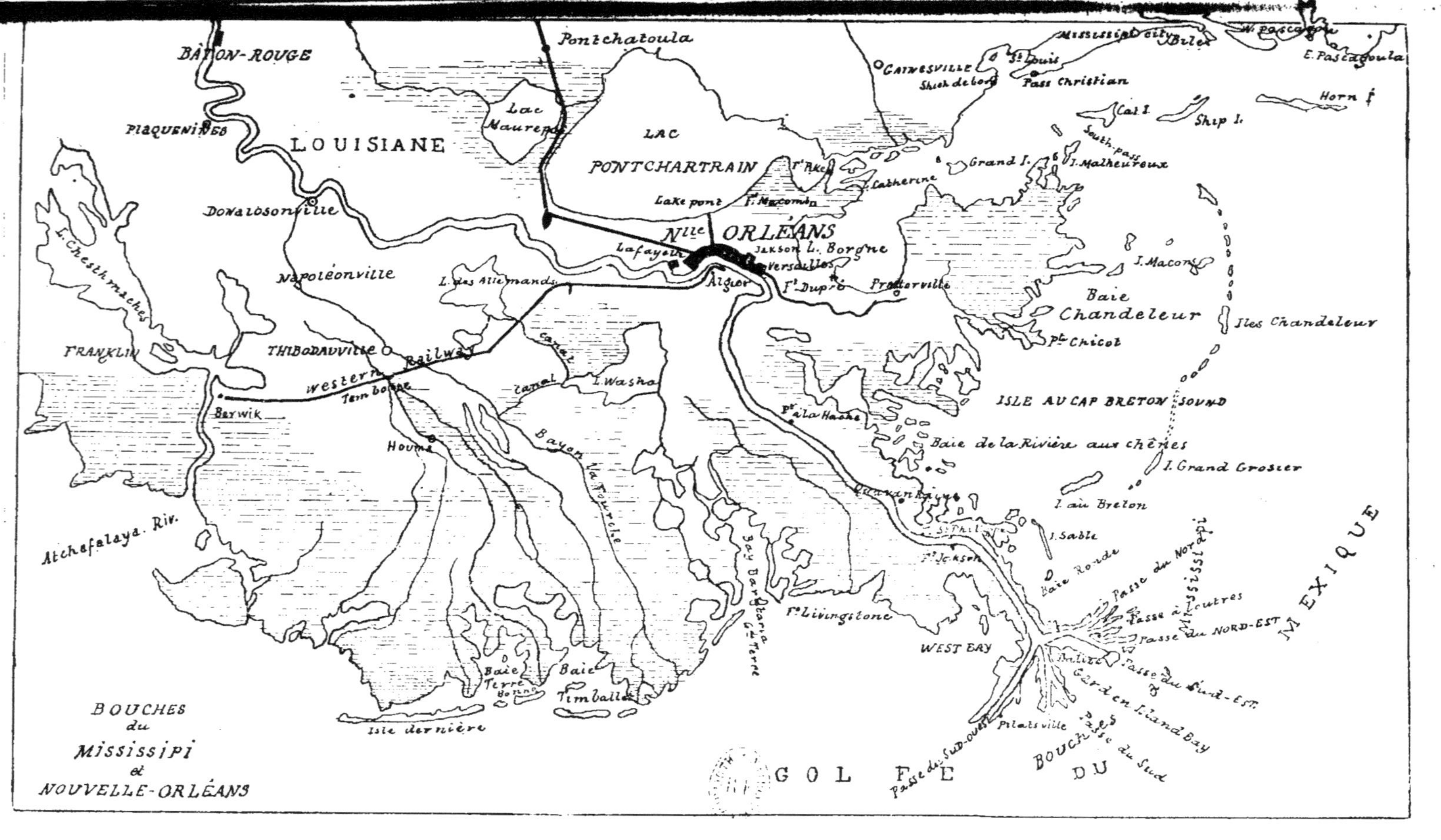
BATON-ROUGE
PLAQUEMINES
LOUISIANE
Pontchatoula
Lac Maurepas
LAC PONTCHARTRAIN
Lake pont
Nlle ORLÉANS
Lafayette
Algier
Versailles
L. Borgne
Prattsville
Donaldsonville
Napoléonville
Thibodauville
Western Railway
Berwik
Franklin
L. Chestimaches
Houma
Terrebonne
canal
I. Washa
L. des Allemands
Bayou la Fourche
Atchafalaya. Riv.
Baie Terre Bonne
Baie Timballier
Isle dernière
Bay Barataria
Ft Livingstone
WEST BAY
St Philippe
Ft Jackson
Baie Ronde
Pilatsville
Passe du Nord
Passe à Loutres
Passe du NORD-EST
Passe du Sud-EST
Garden Island Bay
Passe du Sud
Passe du SUD-OUEST
BOUCHES DU MISSISSIPI
GOLFE DU MEXIQUE
Baie de la Rivière aux chênes
ISLE AU CAP BRETON SOUND
I. Grand Grosier
I. au Breton
I. Sable
Baie Chandeleur
Pte Chicot
Iles Chandeleur
I. Macon
Grand I.
I. Malheureux
South pass
Cat I.
Ship I.
Horn I
Pass Christian
St Louis
Mississipi city
Biloxi
W. Pascagoula
E. Pascagoula
BOUCHES du MISSISSIPI et NOUVELLE-ORLÉANS

mais il était dans le pays de l'imprévu, et au milieu d'hommes avec lesquels on pouvait s'attendre à toutes les excentricités.

Il avait sur son chemin, rencontré le commandant du *Dasoto,* il ne fallait pas qu'il s'étonnât de trouver celui de l'*Iroquois* !

Nos lecteurs nous pardonneront d'entrer dans une foule de détails qui paraissent puérils au premier abord, mais qui sont nécessaires pour faire comprendre comment se sont passés et produits les faits déplorables qui vont suivre.

La baleinière française remontait donc péniblement la rivière, en se maintenant très près des côtes, lorsque, au bout d'une heure, le Commandant Cloué vit en regardant en arrière le *Winona* et le *Kennebeck* arriver à la hauteur de l'avant-garde et reprendre leur ancien poste.

Le *Waruna* qui portait le guidon du Commandant appareilla peu après et fit route sur le *Hartford*, sans doute pour rendre compte au flag-officier de la mission accomplie.

C'était, en l'absence du chef, M. De Camp, le plus ancien officier, capitaine de l'*Iroquois*, qui devenait commandant de l'avant-garde.

A ce moment, la baleinière française perdit de vue le large et dut contourner plusieurs pointes ; — elle aperçut bientôt droit devant elle une canonnière confédérée qui descendait le Mississipi, escorté d'un petit vapeur. Celui-ci mit à terre un peloton d'homme armés de fusils qui se rangèrent sur la berge, et hélèrent au passage l'embarcation, en apprêtant leurs armes.

Après avoir donné quelques explications en anglais et en français, le Commandant Cloué fut invité à se diriger vers la cannonnière, le *Résolute*, qui prit son embarcation à la remorque et se mit en marche pour passer l'estacade.

Tout allait à souhait, et le Commandant espérait avoir heureusement franchi tous les obstacles quand le capitaine du *Résolute* dirigea son attention sur l'arrière et lui montra à moins de 800 mètres le *Winona* qui portait toujours le pavillon parlementaire au mât de misaine.

Ce fut pour lui un moment de douloureux dépit, car la

canonnière fédérale était beaucoup plus près des forts qu'il ne fallait pour parlementer; et il n'y avait pour personne aucun doute : elle faisait une reconnaissance à l'abri du pavillon blanc ; — l'officier français semblait un complice !

La *Résolute* avait heureusement vu la manœuvre complète, et le moment précis où le canot avait quitté les fédérés ; mais le commandant du petit vapeur resté en arrière, et ne distinguant pas le pavillon blanc qui flottait mal, se crut surpris. Comme il n'était pas de force à résister, il mit le feu à son bâtiment et sauta à terre.

Peu de temps après, la *Résolute* passait l'estacade et la baleinière accostait le quai Jackson où le Commandant Cloué était reçu par le général Duncan et par plusieurs officiers supérieurs auxquels il tâcha d'expliquer le but de sa mission.

Mais on lui demande avec insistance ce qu'est venu faire si près le *Winona* ; et vainement il affirme qu'il n'en sait rien qu'il a quitté depuis bien longtemps cette canonnière et qu'il est aussi étonné que tout le monde de la voir là, après avoir constaté son retour à l'avant-garde ennemie.

Pour clore la discussion, les confédérés l'envoient avec ses hommes en prison dans une des chambres de l'hôpital situé assez loin du fort et sur les bords du fleuve. Ils redoublent de précautions en mettant des factionnaires à sa porte.

Tout cela se passait vers 4 heures de l'après-midi.

Le Commandant Cloué était interné depuis peu de temps, lorsqu'il entendit le fort Jackson tirer un premier coup de canon à boulet bientôt suivi d'une deuxième détonation. Il mit aussitôt la tête à la fenêtre et vit que ces deux projectiles avaient été lancés contre un canot que le *Winona* envoyait à terre. La canonnière avait toujours le pavillon parlementaire.

Apercevant un officier sudiste qui passait au-dessous de sa cellule, le commandant du *Milan* le pria d'aller dire au général « qu'on ne tirait pas à boulet sur un parlementaire, qu'il suffisait de parler à poudre et d'envoyer une embarcation donner l'ordre de se retirer.

« Expliquez aussi à votre général, ajoutait-il, que je suis extrêmement étonné et blessé de la réception qui est faite à un officier de la marine française. »

Pendant ce temps, les fédéraux se retiraient ; et dans la soirée le général Duncan venait régulièrement visiter le Commandant Cloué et lui annoncer qu'il avait expédié sa dépêche au consul de France. Il lui proposait aussi de changer de prison et de le faire conduire à bord du *Résolute* pour y passer la nuit.

Enfin, vers onze heures du soir, arrivait la réponse de notre représentant, et le lendemain matin, un officier confédéré prévenait le Commandant Cloué qu'il était libre. On lui recommandait en outre, de la part du général, de « ne rien dire aux Yankees de ce qu'il avait vu dans le fort. »

« Je vous excuse, Monsieur, parce que vous n'êtes que porteur d'ordres, lui répondit fièrement le commandant ; mais dites à votre chef qu'une pareille recommandation à un officier français est une nouvelle insulte. »

Certain cependant, que notre consul avait reçu l'avis qu'un navire français suivrait toutes les opérations militaires prochaines, et ferait protéger nos compatriotes, le commandant du *Milan* se décida au retour.

En arrivant à l'avant-garde des fédéraux, il voulut se rendre compte de ce qui s'était passé la veille et accosta l'*Iroquois* pour *saluer le capitaine*. Le second seul parut en excusant son chef *qui était couché et sous le coup d'une grave maladie !*

Le Commandant Cloué poursuivit donc sa route, et arriva, vers dix heures, à bord du *Hartford* où le Commodore était à la « coupée » pour lui serrer la main.

Après lui avoir témoigné son vif regret de ce qui était arrivé, celui-ci se mit en devoir d'expliquer les événements. Laissons la parole au *flag-officer* Ferragut :

« Le capitaine du *Waruna* a eu le premier, tort de changer mes ordres et d'envoyer deux navires avec pavillons parlementaires. Le *Winona* était entièrement à votre disposition et ne devait pas aller plus loin que vous ne l'auriez décidé vous-même ; mais quand le *Winona* et le *Kennebeck* sont revenus au mouillage, le capitaine de l'*Iroquois* devenu chef de division depuis quelques minutes, a voulu se signaler, il est allé lui-même sur le *Winona*, et malgré les observations pressantes du capitaine, a forcé cette canonnière à retourner vers le fort Jackson, en déclarant prendre sur lui toute la responsabilité de l'affaire.

« Cet officier était ivre, il avait l'idée fixe de vous rejoindre, et ne pouvant vous atteindre avec le *Winona*, il a pris une embarcation pour se rendre au fort. Les coups de canon l'ont heureusement arrêté.

« Mais il a reçu pendant son séjour en rivière, à bord de ce même *Iroquois*, plusieurs officiers rebelles, leur a fait visiter son navire, et a bu et causé avec eux pendant plus d'une heure. Tout cela malgré mes ordres, je n'ai pas besoin de vous l'affirmer.

« La lettre que je viens de recevoir de lui à l'instant, est la lettre d'un homme ivre, je ne lui connaissais pas ce défaut ; il comparaîtra demain devant un Conseil de guerre à bord du *Brooklyn*. »

Le commodore Ferragut était le plus loyal des hommes, il n'y avait pas à mettre en doute sa parole.

Quelques jours après, le 12 avril 1862, le Commandant Cloué envoya de nouveau son second, le lieutenant de vaisseau Miot au fort Jackson, pour communiquer encore avec le consul de France ; il chargeait en même temps son officier de donner au général Duncan toutes les explications les plus claires sur le fait regrettable qui s'était produit le 8 au soir, et dont il avait été la première victime.

Les choses se passèrent très régulièrement cette fois. Les confédérés, prévenus de la présence d'un bâtiment de guerre français, en accueillirent bien les officiers.

Le consul, dans sa réponse au commandant Cloué, demandait de faire remonter le *Milan* jusqu'à la Nouvelle-Orléans ; il insistait en même temps beaucoup sur le salut à faire, et écrivait : « Le salut des forts est *inévitable*, je le répète. ne venez pas ici avec votre navire, si vous ne voulez pas les saluer. Les confédérés ne vous permettraient-même pas le passage de la rivière. »

Cette condition empêcha le commandant d'appareiller ; il n'appartenait pas en effet, à un simple capitaine de frégate de faire un salut à une nation qui n'avait pas été reconnue par l'empereur. D'autre part, il désirait conserver la neutralité la plus absolue, et ne voulait pas mettre son navire entre les assiégeants et les assiégés. Il répondit donc au Consul, qu'une fois le feu ouvert, il suivrait, sans la gêner, l'escadre fédérale à mesure qu'elle s'avancerait dans le fleuve, de manière à se trouver presque aussitôt qu'elle à la Nouvelle-Orléans.

* * *

Mais les deux partis ne restaient pas inactifs. Comme nous l'avons dit plus haut, tout le Sud de la ville formait une contrée basse et marécageuse. Séparée par quelques kilomètres seulement de la baie du lac Borgne, la Nouvelle-Orléans ne pouvait cependant être attaquée de ce côté, par suite du peu de profondeur du lac ; la flotte ennemie fut donc obligée de tenter l'attaque directe par le fleuve.

Les confédérés à l'approche de l'escadre de Ferragut voulurent fermer l'entrée du Mississipi, mais la grande profondeur du fleuve (15 à 25 brasses) ne permettait pas de couler des navires dans son lit; plusieurs barrages flottants furent ensuite essayés, mais sans succès, car ils ne résistèrent pas à la force du courant.

Ils décidèrent donc de mouiller sur une même ligne 6 ou 8 navires, reliés par plusieurs chaînes, et ménagèrent un étroit passage pour les vaisseaux confédérés qui voudraient gagner la haute mer.

Cet obstacle était destiné à arrêter quelque temps la flotte nordiste et à la tenir exposée au feu convergent des deux forts.

De son côté, l'amiral Ferragut prenait ses dispositions de combat.

Le 13 avril, son avant-garde s'était rapprochée à la distance de deux mille et demi des forts; le 14, les premières bombardes avaient été remorqués dans le haut du fleuve, et le 15 au matin, toutes les bombardes restantes avaient pris leur poste.

Aussi le 18 avril 1862, l'escadre américaine[1] put-elle remonter à son tour le Mississipi, et mouiller près de l'avant-garde.

Le sort en est jeté; la lutte doit s'engager terrible et fatale! Ferragut ne peut plus reculer!

Loin de dissimuler à ses états-majors la force des confédérés, il réunit tous les commandants dans un suprême conseil de guerre et leur expose en détails la supériorité de l'ennemi.

« J'attends de vous des efforts surhumains, nous irons jusque dans leurs embrasures lancer la mitraille sur les forts Jackson et Saint-Philippe; et cependant nous n'avons que des navires sans protection contre les obus. Ce sont vos courages qui devront remplacer ce qui nous manque! »

Le *Milan* et la frégate anglaise *Liffey*, seuls, étaient restés à l'embouchure du Mississipi pour attendre les événements.

Le 18 au matin, le feu est ouvert sur le fort Jackson; Ferragut avait attendu, pour commencer l'attaque, l'arrivée des transports qui apportaient six mille hommes de troupes sous les ordres du major-général Butler.

Dans cette journée, les canonnières et les bateaux-mortiers lancent plus de quinze cents bombes qui allument de grands incendies dans le fort.

A partir du 19, le tir des bombardes continue sans relâche nuit et jour; — plusieurs sont coulées par l'ennemi, qui lance également sur elles, mais sans résultat, de nombreux brûlots.

Désespérant de réduire les forts par un simple bombardement, Ferragut se décide à tenter un coup d'audace et à forcer les passes.

Dans la nuit du 22 avril, son chef d'état-major réussit

1. Le *Colorado* qui avait un tirant d'eau trop fort dut rester en dehors des passes, et la plus grande partie de son équipage fut répartie sur les autres navires.

avec deux canonnières (*Pinola* et *Itasca*) à couper les chaînes et à ouvrir un passage dans l'estacade ennemie.

Et le 24 avril, à trois heures du matin, toute l'escadre fédérale lève l'ancre et se met en mouvement sur deux colonnes :

| COLONNE DE GAUCHE | | COLONNE DE DROITE | |
|---|---|---|---|
| Corvettes : | *Hartford.* | Canonnières : | *Cayuga.* |
| — | *Brooklyn.* | Corvettes : | *Pensacola.* |
| — | *Richemont.* | — | *Mississipi.* |
| Canonnières : | *Sciota.* | Canonnières : | *Oneida.* |
| — | *Iroquois.* | — | *Waruna.* |
| — | *Kennebeck.* | — | *Kotahdin.* |
| — | *Pinola.* | — | *Kineo.* |
| — | *Itasca.* | — | *Wissahickon.* |
| — | *Winona.* | | |

Les bâtiments de droite ont tous leurs canons portés à tribord pour tirer sur le fort Saint-Philippe, et ceux de la colonne de gauche à babord pour tirer sur le fort Jackson.

La nuit est sombre, et le courant très violent ; le fort Jackson apercevant le premier l'ennemi commença le feu, et les nappes de fumée qui couvrent le fleuve, viennent encore augmenter l'obscurité et la délicatesse de la manœuvre.

C'est le moment d'obéir au vaillant chef qui a raison de compter sur le courage et l'audace de ses capitaines.

Aussi chaque navire s'approche-t-il du fort à très petite distance et dirige-t-il son tir à mitraille sur l'éclair des pièces ennemies.

Plusieurs canonnières, *Winona*, *Itasca*, et *Kennebeck*, criblées de projectiles, sont obligées de redescendre le Mississipi ; mais le reste de la flotte de gauche franchit heureusement le fort Jackson.

Sur l'autre rive, l'aile droite continuait sa route, le *Cayuga* avait dépassé le fort Saint-Philippe après avoir reçu quarante-deux boulets à son bord ; le *Pensacola* et le *Mississipi* engageaient à leur tour le combat.

L'amiral Ferragut, qui n'avait rien à craindre du fort

Jackson, arrive à leur secours, mais il est attaqué par un énorme brûlot que pousse avec son avant le bélier *Manassas*. Le beaupré, le gaillard, les haubans et tout le côté babord du *Hartford* prennent feu; pour comble de malechance, le bâtiment s'échoue, et il allait devenir la proie de l'ennemi, quand le *Brooklyn* et le *Richmond* font prendre la fuite au *Manassas* qui disparaît dans l'obscurité.

Plus bas dans le fleuve, le bélier rencontre la ligne des autres navires fédéraux, qui, vainement, essaient de le combattre. Il leur échappe en se jetant sur la berge, et là, sous la protection du fort, il défie un moment ses adversaires; mais les obus dont il est couvert l'incendient bientôt. Le courant l'entraîne alors vers l'embouchure du Mississipi, où il s'enfonce dans l'eau avec le pétillement du fer rouge que le forgeron plonge dans son bassin.

Au point du jour, moins de deux heures après l'attaque, quatorze navires avaient réussi à franchir la redoutable barrière et se trouvaient en amont des forts; plusieurs bâtiments de l'escadre Ferragut étaient désemparés; mais aucun n'avait sombré.

Les fédéraux avaient dès lors la victoire, car ce n'était plus qu'un jeu pour eux de recevoir le choc des dix navires confédérés qui avaient passé la nuit à l'ancre. Après quelques heures d'une défense acharnée les uns furent coulés, les autres obligés de se jeter sur la rive.

Pendant cette nuit du 24 avril 1862, où leur sort se décidait, les habitants de la Nouvelle-Orléans avaient reposé tranquilles et confiants dans leurs demeures. Ils entendaient bien le bruit lointain du bombardement, mais comme dans une pièce de théâtre, sans en prendre autrement souci; tant étaient grands leur orgueil et leur certitude que l'ennemi ne dépasserait pas les forts.

Ils apprirent donc avec une profonde émotion que la flotte de Ferragut avait forcé le passage et se dirigeait sur la Nouvelle-Orléans. La stupeur fit bientôt place à la réaction la plus violente, et pour ne rien laisser tomber entre les mains des fédéraux, ils livrèrent aux flammes tous les chantiers de la marine et les immenses approvisionnements de cotons en magasin.

* * *

Dans la soirée de ce même 24 avril, et tandis que les navires victorieux montent à petite vitesse vers la New-Orléans, une grande panique a lieu dans le bas du fleuve.

A 6 heures du soir, toutes les bombardes qui s'étaient rapprochées des forts pour continuer leur tir, appareillent brusquement dans le plus grand désordre, et comme le vent debout ne leur permettait pas de manœuvrer, elles se laissent dériver au courant de la rivière, pendant que les canonnières à vapeur chassent en avant pour protéger la retraite.

Un seul cri poussé à l'avant-garde « *One Ironclad battery coming down!* » avait suffi pour produire cette émotion.

Quelques déserteurs du fort Jackson, venus se rendre dans la journée aux fédéraux, avaient annoncé qu'une batterie blindée *Louisiana*, — échappée aux recherches de Farragut à la faveur de l'épaisse fumée qui couvrait le fleuve, — devait attaquer dans la nuit les bâtiments au mouillage.

On avait en conséquence doublé de suite les vigies, qui signalèrent bientôt la présence de l'ennemi près du fort Saint-Philippe; et leur cri d'alerte avait fait partir simultanément plus de trente navires qui se laissent dériver, s'échouent ou s'abordent.

Avant d'avoir pu se rendre compte de ce qui se passe, le commandant Cloué voit défiler près de lui plus de quinze bombardes; aussi se hâte-t-il d'appareiller pour éviter les abordages, et se mettre à l'abri d'une méprise facile pendant la nuit.

La *Louisiana* perdit là certainement une belle occasion de venger les armes du Sud; — en descendant le Mississipi, elle eut forcé tous ces navires épeurés à se mettre à la côte ou à se livrer aux flammes.

Le calme fut vite rétabli, et le commandant Cloué se décida à remonter le fleuve; le 27, dans l'après-midi, il passait avec le *Milan* devant les forts qui n'avaient pas encore capitulé. Le fort Jackson était en ruines, et quarante-deux hommes avaient été tués, quant au fort Saint-Philippe, il se montrait en assez bon état et n'avait eu que quelques hommes hors de combat.

A la *Quarantaine*, le croiseur français trouva campés et prêts à marcher quinze cents hommes de l'armée de Butler, que les transports fédéraux venaient de débarquer; et, le 28 au soir, le *Milan* se présenta devant la Nouvelle-Orléans.

Voyant la foule se précipiter sur les quais, le commandant Cloué laissa tomber l'ancre devant les premières maisons de la ville; — afin d'éviter toute manifestation, quelque flatteuse qu'elle pût être.

Il ne lui paraissait pas convenable d'imposer aux fédéraux la comparaison entre les *hurrahs* dont on commençait à saluer la France et les *huées* qui avaient accueilli une canonnière nordiste venue quelques instants plus tôt avec un pavillon parlementaire.

La Nouvelle-Orléans était dans une pénible situation, les troupes confédérées l'avaient évacuée depuis quelques jours, et le plus grand désordre y régnait. Des milliers de vagabonds pillaient de tous côtés, et la ville aurait été livrée à tous les excès, sans les milices françaises et allemandes qui s'organisèrent spontanément pour protéger les propriétés et empêcher les incendies.

On peut affirmer que les étrangers résidant à New-Orléans ont, dans cette circonstance, préservé la belle cité d'une destruction complète.

Quant aux bâtiments fédérés, ils étaient embossés de manière à ce que leur tir put enfiler les rues droites qui montaient dans la cité; mais comme les troupes de débarquement restaient occupées devant les forts de la rivière, Ferragut n'avait personne à mettre à terre, — et l'on voyait se prolonger ce cas singulier « d'une grande ville sans défense en face d'une flotte puissante pouvant l'écraser, mais non pas l'occuper ! »

Enfin, lassé de cette ridicule position, l'amiral donna

quarante-huit heures pour amener le pavillon de l'état de Louisiane qui flottait sur l'Hôtel-de-Ville, menaçant la cité d'un bombardement, à la première insulte ou à la première provocation des habitants.

Il invitait en même temps chaque consul à mettre ses nationaux en lieu sûr; — c'était une proposition un peu illusoire, car notre consulat, à lui seul, devait pourvoir à la sûreté d'environ deux mille Français.

Le commandant Cloué offrit aussitôt aux consuls des différents pays l'hospitalité à bord de son navire, en cas de danger pressant; mais la présence du *Milan* avait rassuré la population, qui comprenait bien qu'un acte, pareil au bombardement d'une ville sans défense, ne pouvait se perpétrer en présence d'un bâtiment de guerre d'une grande nation.

Il semblait à tous que notre glorieux pavillon tricolore, seul représentant de l'opinion publique de la vieille Europe, devait préserver la Nouvelle-Orléans d'une exécution si contraire à toutes les lois de l'humanité.

Les forts Jackson et Saint-Philippe, s'étant rendu le 28, les troupes remontèrent en toute hâte vers la ville.

Ferragut venait de rompre toutes relations avec les autorités civiles qui ne cessaient de l'accabler de lettres insolentes :

« Messieurs, leur disait-il, vous avez voulu voir dans mes déclarations un projet arrêté d'assassiner vos femmes et vos enfants. Votre dernière lettre est si injurieuse qu'elle terminera notre correspondance; dès l'arrivée du général Butler je lui remettrai la ville et reprendrai mon service de marin.

« Je suis votre respectueux serviteur... »

Le général Butler ne fut pas davantage épargné, et ses démêlés avec les habitants sont restés légendaires en Amérique.

La situation, d'ailleurs, n'était guère de nature à rendre les esprits conciliants ; — deux grands fléaux menaçaient la ville : l'inondation et la disette.

Le Mississipi débordait partout, et cependant la fonte des neiges n'était pas encore commencée. Le pain et la viande se faisaient assez rares pour que le *Milan* fut obligé d'envoyer des provisions à terre, tous les jours, pour le personnel du consulat qui ne pouvait s'en procurer à aucun prix.

Irritée par les difficultés matérielles, la population se montra très agressive contre les fédéraux qui répondirent par la force. Plusieurs magasins, qui refusaient de vendre aux vainqueurs, furent pillés par les soldats ; les officiers, qu'on ne voulait recevoir nulle part, s'emparèrent du Club Louisana pour en faire leur cercle.

Enfin, le général abusa plusieurs fois de son pouvoir absolu, ce qui le rendit de plus en plus impopulaire et détesté.

Le 10 mai, d'après ses ordres, le consulat des Pays-Bas était cerné et le consul arrêté et maltraité par les officiers fédéraux ; tout l'argent qui s'y trouvait (800.000 dollars) était en outre saisi avec les papiers diplomatiques et les lettres particulières.

Le même jour, pendant que le commandant Cloué dînait chez le consul de France, la maison fut également cernée par les troupes de Butler.

« Le général voulait voir, disaient les officiers, s'il n'y avait pas en réserve de l'argent appartenant aux États-Confédérés. »

Plus de mille Français vinrent se présenter et proposer de défendre le consulat, — l'affaire prenait de graves proportions ! !

L'attitude digne du commandant Cloué parvint à calmer les esprits et à obtenir de Butler le rappel des troupes qui partirent au milieu des huées de la foule.

Pour terminer nos souvenirs de la Nouvelle-Orléans, citons un dernier fait caractéristique, qui se passa sous les yeux du commandant Cloué et donne une idée de l'exaspération des partis en présence.

Aux insultes, sottement prodiguées à ses troupes dans la rue, le général répondit par un ordre du jour d'autant plus maladroit que les ennemis les plus exaltés des fédéraux étaient les femmes. Loin de fermer les yeux sur le manège de ses belles ennemies, Butler lança la proclamation suivante, qui mit le feu aux poudres :

Head quarters. Département of the Gulf, 15 may 1862.

General orders n° 28.

As the officers and soldiers of the United States have been subject to repeated insults from the women (calling themselves ladies) of New Orléans, in return for the most scrupulous non-interference and courtesy on our part ;

It is ordered that there after, when any female shall by words, gesture or movements insult or show contempts for any officers or soldiers of the U. S ; she shall be regarded and held liable to be treated as a woman of the town plying her avocation.

Des officiers et des soldats des Etats-Unis ont été en butte à des insultes répétées de la part de femmes (s'intitulant femmes du monde) de la Nouvelle-Orléans, bien que nos troupes aient observé l'abstension la plus complète et la courtoisie la plus scrupuleuse envers elles.

J'ai décidé que : toute personne du sexe féminin insultant par ses gestes ou son attitude les officiers et soldats fédéraux, ou manifestant du mépris à leur égard, sera considérée et pourra être traitée comme une femme publique faisant son métier dans la rue.

Il est impossible de peindre la fureur de la plus belle moitié du genre humain, et la colère des hommes qui virent, sous l'ordre du général, un prétexte à l'aide duquel leurs femmes ou leurs sœurs pourraient être à tous moments insultées par leurs ennemis.

Les journaux répandirent cette proclamation dans toute l'Europe et l'opinion fut sévère pour le général qui « faisait la guerre aux dames. »

* * *

Le 16 mai 1862, le *Catinat* vint remplacer le *Milan* devant la ville et le commandant Cloué put redescendre le Mississipi.

En passant devant le fort de Jackson, il apprit que le général Butler avait donné l'ordre de ne plus laisser monter dans le fleuve aucun bâtiment de guerre étranger. Évidemment, le croiseur français avait été un témoin fort gênant et dont le général se serait très bien passé; — dans l'avenir, les autorités fédérales voulaient être les seules maîtresses de publier les nouvelles qu'il leur plairait d'inventer, et de retarder la communication des faits réels et défavorables à leur cause.

Le *Milan*, arrivé le 20 mai à la Havane, en repartit le 23 au matin pour New-York.

Pendant son séjour de six mois aux États-Unis, le commandant Cloué avait été chargé d'une mission des plus délicates; — il avait dû se mettre en rapport avec les autorités des deux partis en guerre, — apporter dans ces relations une extrême prudence, — ne compromettre aucun intérêt et ménager toutes les susceptibilités. Sa présence avait rendu de grands services à nos compatriotes.

Cette campagne lui fournissait en outre les documents de trois notes hydrographiques : 1° sur les Bermudes ; 2° sur le port de Key-West (récifs de la Floride) ; 3° sur les bouches du Mississipi et la navigation du fleuve jusqu'à la Nouvelle-Orléans.

Les deux premières de ces études ont été insérées dans les *Annales hydrographiques*, de 1862 ; le *Manuel de la Navigation dans la mer des Antilles*, de M. Philippe de Kerhallet (p. 693 à 703), reproduit la troisième partie *in extenso*.

---

**A. LINCOLN.**

Page 103.

# VIII

## MEXIQUE — SECONDE EXPÉDITION

### § I. — PREMIÈRES ANNÉES DE LA GUERRE. LE COMMANDANT CLOUÉ EST MIS A LA TÊTE DE LA DIVISION NAVALE DU MEXIQUE

Le capitaine de vaisseau Cloué est nommé au commandement du *Magellan*, et débarque au Mexique le 6 décembre 1863. — Coup d'œil rétrospectif sur l'expédition. — Situation générale à l'arrivée du commandant. — Prise de Campêche. — Occupation de la ville par la garnison mexicaine du général Navarette. — Évacuation de San-Juan-Bautista. — Le commandant Cloué établit nos forces à Frontera, et signale la nécessité d'une expédition sérieuse dans le Tabasco. — Arrivée au Mexique de l'empereur Maximilien. — Prise de Bagdad. — Occupation de Matamoros. — L'amiral Bosse quitte le Mexique et remet au capitaine de vaisseau Cloué le commandement supérieur de la station navale du golfe.

Ce fut à Terre-Neuve que le commandant Cloué apprit sa nomination au grade de capitaine de vaisseau, le 16 août 1862 ; il n'en voulut pas moins achever la campagne commencée et ne quitta le *Milan* à Sidney que le 3 novembre suivant, avec le *Gassendi*.

Dès son retour à Paris, il se mit au travail. Pendant qu'il refaisait complètement les instructions de Terre-Neuve sur des bases nouvelles, et qu'il suivait au Dépôt des cartes de la marine, la publication de quelques plans terminés dans ce dernier voyage, il fut désigné pour prendre le commandement de la frégate à vapeur le *Magellan*.

Le 20 octobre 1863, il s'embarquait à Cherbourg sur le transport le *Finistère*, pour se rendre au Mexique et le

6 décembre à huit heures du soir il entrait dans les eaux de la Vera-Cruz. Pas un ride n'apparaissait sur ce miroir d'azur, pas un souffle n'agitait l'air, rien ne faisait soupçonner les passions terribles déchaînées en ce malheureux pays.

Le transport marchait à toute vapeur; et bientôt la ville apparut comme une terre promise.

Droit devant, au milieu de la rade tracée par une ligne circulaire de récifs à fleur d'eau, se dressait comme une sentinelle avancée le fort de Saint-Jean-d'Ulloa, qui avait marqué dans les débuts de sa carrière de marin.

Et l'esprit du commandant se plaisait à reprendre, comme en un songe passé, toute cette campagne de 1838, qui lui avait valu au choix le grade d'enseigne de vaisseau.

Dans le fond, dominant le panorama, il revoyait le pic d'Orizaba, cette « montagne de l'étoile » comme l'appellent les Indiens, dont la cîme éternellement couverte de neige resplendissait à plus de 2,500 mètres au-dessus de la ville, embrasée par les derniers feux du soleil couchant.

« Nous arrivons trop tard, commandant, tout est fini. On ne se bat plus ici » — lui dirent tristement les officiers qui l'entouraient.

Plaintes naturelles, car pour l'officier « rêver batailles », c'est rêver gloire, avancement, avenir; et la paix vient faire évanouir tous ces beaux rêves !

Mais hélas ! ils pouvaient se rassurer; — il y avait encore assez de gloire à cueillir pour chacun d'eux dans ce pays !

La guerre continuait avec la même ardeur qu'aux premiers jours.

Deux années s'étaient cependant écoulées depuis que l'empereur Napoléon III avait manifesté à l'Europe son intention de mettre un archiduc autrichien sur le trône du Mexique ; et la lutte se prolongeait, — sans qu'il ait pu réussir à vaincre le parti révolutionnaire, souvent écrasé ; mais toujours renaissant.

Le commandant Cloué, qui avait assisté à l'enthousiasme des troupes alors qu'elles quittaient la Havane[1] en no-

1. Voir page

vembre 1861 pour aller à la « Conquête du Mexique » devait aussi être le témoin de leur triste départ quelques années plus tard !

Il prit donc le commandement du *Magellan* le 7 novembre 1863, et se rangea sous les ordres du contre-amiral Bosse, commandant en chef la division navale des Antilles.

Jusqu'aux derniers moments, il devait être un des plus actifs défenseurs de notre cause dans cette malheureuse guerre du Mexique, où il est resté si justement populaire.

Il sut toujours dominer la situation, — et animé lui-même des sentiments les plus énergiques, il inspira aux marins et aux soldats sous ses ordres la résignation et le dévouement qu'exigeaient les circonstances.

Plus obscurs peut-être que les services des troupes débarquées, ceux des équipages furent non moins importants, car nos marins montrèrent au milieu des dangers de toutes sortes, une abnégation et une fidélité au devoir — dignes d'être admirées.

Avant de commencer le récit détaillé des faits maritimes qui se sont succédés pendant la présence au Mexique du commandant Cloué, rappelons brièvement les principaux épisodes des débuts de cette expédition.

* * *

L'on a souvent comparé l'Expédition du Mexique à la néfaste guerre d'Espagne, qui fut une des causes de la chûte de Napoléon Ier.

Ces deux événements historiques ne sont pas étrangers l'un à l'autre.

Maximilien, patronné par Napoléon III à Mexico, nous rappelle Joseph imposé par Napoléon Ier à Madrid !

De même que le parti espagnol avait lutté vaillamment en 1808, contre l'établissement d'un prince français, — de même le parti national de la Nouvelle-Espagne s'opposa de toutes ses forces à l'installation d'un archiduc étranger.

L'espagnol Hidalgo, le familier des Tuileries, l'intime de la mère de l'impératrice à Madrid, fut, — avec quelques amis politiques, — l'un des plus influents instigateurs de l'expédition.

Quoiqu'il en soit, la France et l'Espagne, ayant depuis longtemps à se plaindre des mauvais traitements infligés à leurs nationaux, avaient déjà plusieurs fois agité la question d'une intervention armée.

Du reste toutes les puissances européennes étaient constamment sollicitées d'intervenir au Mexique par un parti nombreux d'émigrés, avides de ressaisir le pouvoir.

En 1860, Napoléon III se montra favorable à ce projet d'installation d'une monarchie, et fit des offres formelles à l'archiduc Maximilien, qui les accepta, poussé par sa femme, la princesse Charlotte, fille du roi des Belges.

Il fut donc convenu que la France, alliée à l'Espagne et à l'Autriche, iraient, tout en défendant leurs intérêts généraux, préparer l'avènement du nouvel empereur.

Ce fut au commencement de janvier 1861 que le contre-amiral Jurien de La Gravière, nommé commandant en chef des forces françaises, arriva sur les côtes du Mexique avec une escadre composée de quatorze bâtiments à vapeur :

1 vaisseau : *Le Masséna.*

5 frégates : *Montezuma*, *Ardente*, *Guerrière*, *Astrée*, *Foudre.*

3 avisos : *Berthollet*, *Chaptal*, *Marceau.*

2 canonnière : *Eclair*, *Grenade.*

3 transport : *Aube*, *Meuse*, *Sèvre*,

ayant à bord les troupes d'Afrique et quelques compagnies d'infanterie de marine.

La Vera-Cruz était déjà entre les mains des Espagnols qui, par un empressement regrettable, avaient voulu paraître les premiers au Mexique afin d'affirmer le rôle prépondérant qu'ils comptaient y jouer.

Aussitôt leur arrivée, les commandants des forces alliées

et les commissaires représentant les puissances européennes avaient adressé à la nation mexicaine une longue proclamation qui peut se résumer en cette phrase.

« Les derniers gouvernements de votre pays ont foulé aux pieds les traités et rendu nécessaire notre intervention, nous venons, non pas vous combattre, mais assister « impassibles » à votre régénération, que nous désirons pacifique. »

Plusieurs notes échangées avec le gouvernement de Juarez amenèrent bientôt la fameuse convention dite de la *Soledad* (19 février 1862), qui avait pour résultat immédiat — de permettre aux troupes débarquées de prendre position en des lieux salubres, alors que les maladies sévissaient déjà sur les armées, — mais qui avait le grand désavantage de reconnaître le gouvernement de Juarez.

Ces préliminaires de traité furent désapprouvés par le gouvernement français, et l'Empereur invita l'amiral Jurien à remettre ses pouvoirs militaires au général Lorencez.

Il le laissait libre d'ailleurs de garder le commandement de la division navale ou de rentrer en France ; — ce fut ce dernier parti que l'Amiral adopta, et il quitta le Mexique le 7 mai 1862.

La rupture de la convention signée ne se fit pas attendre longtemps ; — les troupes alliées prirent pour prétexte de nouvelles vexations exercées contre des nationaux, et le meurtre de quelques soldats français assassinés près de Vera-Cruz.

La guerre était déclarée !

Nous ne suivrons pas la marche du corps d'armée du Général Lorencez dans l'intérieur du pays, ni les phases — tour à tour heureuses ou malheureuses — de son expédition.

Après l'échec de Puebla, il connut bientôt à son tour les revers de la fortune, et tombé en disgrâce, fut remplacé par le général Forey qui débarqua de Vera-Cruz, le 21 septembre.

A la même époque l'amiral Jurien revenait au Mexique

reprendre le commandement de la division navale. Il était chargé d'assurer le transport des troupes et leur débarquement ; en même temps on lui confiait la garde des côtes du Golfe. Ce n'était pas une mince besogne.

Les tempêtes du *Norte* venaient faire courir de sérieux dangers à ses navires mal abrités dans les ports, et le *Vomito* exerçait ses ravages, sur tous les bâtiments qui gardaient le littoral, aussi bien que sur les compagnies débarquées.

Après l'expédition de *Tampico* (octobre 1862), *le Masséna*, *la Grenade*, *la Normandie*, étaient épuisés — et l'épidémie prit de telle proportions qu'on fut obligé de les envoyer en changement d'air aux Saintes et à New-York.

Dans de telles conditions l'amiral Jurien, qui était revenu prendre le commandement de la division navale, demanda la création d'une flottille spécialement affectée aux côtes avec des hommes de couleur, pris soit au Sénégal, soit aux Antilles. — Les grands bâtiments formeraient alors une division d'observation devant seconder seulement la station locale ; cette demande lui fût refusée.

En avril 1863, le contre-amiral Bosse succéda à l'amiral Jurien dans le commandement de l'escadre du Mexique.

Après quelques opérations sur les côtes (Tampico, Minatitlan, San-Juan Bautista), il fit déclarer le blocus effectif du golfe, depuis un point situé à 10 lieues au Sud de l'embouchure du Rio Grande ou Bravo del Norte jusqu'à et y compris Campêche.

Pendant ce temps, le général Forey, qui malgré la prise de Puebla et de Mexico avait cessé de plaire à l'Empereur, était rappelé en France, avec M. de Saligny, notre commissaire du Gouvernement, et le général Bazaine se faisait remettre, le 1er octobre 1863, le commandement de l'expédition ainsi que la direction des affaires politiques.

* * *

C'est à ce moment que le capitaine de vaisseau Cloué vint prendre le commandement du Magellan.

La situation était la suivante ;

Les troupes alliées occupaient à l'intérieur, du pays, la capitale « Mexico », et poursuivaient la conquête des différentes provinces.

La marine, malgré les grands sacrifices qu'elle avait faits et qu'elle faisait tous les jours, continuait sa surveillance des côtes et y portait à chaque instant, du nord au sud, les détachements nécessaires.

Le littoral, présentant environ 250 lieues, de *Matamoros à Campèche,* était loin d'être réduit ; et l'état sanitaire malsain des côtes décimait nos matelots.

La marine avait déjà perdu plus de 1000 hommes en gardant Vera-Cruz ; —généralement, moins de 20 jours après leur débarquement, les nouveaux arrivés entraient à l'hôpital.

A *Tampico,* la garnison, épuisée par la maladie, s'était vue réduite à un rôle purement défensif ; — l'ennemi la bloquait du côté de la terre, tandis que le mauvais temps de la saison d'hiver ne lui permettait pas de communiquer régulièrement avec les bâtiments de l'escadre.

A *Minatitlan* et à *San Juan Bautista*, la situation n'était pas meilleure.

Tout le monde sait que le Mexique est divisé en 3 zônes distinctes que l'on peut comparer aux marches d'un escalier colossal.

D'abord les *Terres chaudes* (*Tierras calientes*) plaines basses et malsaines, — puis, un peu plus haut, les *Terres tempérées* (*Tierras templadas*) où l'on jouit d'un printemps perpétuel ; — enfin le plateau central ou *terres froides* (*Tierras frias*).

Dans la première de ces zônes, la chaleur est insupportable, l'air que l'on respire est brûlant comme les vapeurs embrasées qui sortent de la bouche d'un four.

Les troupes de terre, dès leur arrivée étaient rapidement transportées dans les hauts ; mais les équipages de la flotte devaient séjourner dans les Terres chaudes. — On ne saura jamais combien de matelots a dévoré l'Etat de Verra-Cruz !

Depuis le début de l'expédition jusqu'à l'arrivée du commandant Cloué, les pertes totales de la marine, relativement plus considérables que celles de l'armée de terre, étaient, morts ou disparus : 19 officiers de marine, 9 commissaires, 11 médecins, 1 ingénieur du génie maritime, 1259 officiers marins ou matelots, 1 officier et 38 hommes d'artillerie de marine, 11 officiers et 668 hommes d'infanterie de marine ; total 2017.

Le personnel de la flotte qui avait concouru à l'expédition, s'élevait au chiffre de 20,500 hommes des équipages, et l'on avait débarqué 1,400 marins.

* * *

Dans le sud, un parti assez nombreux à la tête duquel se trouvait le général Navarette, s'était déclaré en faveur de l'Empire, la lutte politique se compliquait d'ailleurs de rivalités locales et les gens de Mérida (impérialistes), rivaux de ceux de Campèche (juaristes), voulaient réduire cette ville.

Il fut décidé qu'on leur donnerait l'appui des navires de l'escadre.

Le *Magellan* arriva donc devant Campèche le 16 janvier 1864 au matin, avec la *Flèche* et le *Brandon*. Le général Navarette cernait la ville au nord et à l'est, jusqu'à une lieue environ du fort San Miguel.

Après avoir laissé tomber l'ancre, le commandant Cloué envoya de suite au gouverneur une sommation de rendre la place, ainsi conçue :

« Monsieur le Gouverneur,

« La place de Campèche va être bloquée hermétiquement et le bombardement par les forces navales sous mes ordres commencera immédiatement. — Avant d'en venir à cette extrémité, je viens vous sommer de rendre la ville et d'épargner une effusion de sang inutile.

« Je sais que votre place manque de vivres et de munitions ; vous ne pouvez espérer de secours, car vous n'ignorez pas que les partisans de Juarez se bornent actuellement à quelques bandes de pillards.

« Cédez donc, je vous en prie, Monsieur le Gouverneur, à la voix de l'humanité, et obtenez de bonnes conditions pendant qu'il en est temps encore !

« Je réponds de la vie et des propriétés de tout ce qui est dans Campèche, si vous consentez à traiter. »

Cette sommation était accompagnée d'une autre lettre proposant un moyen régulier d'échanger des parlementaires, même pendant les hostilités.

Le gouverneur, désireux de gagner du temps, chercha tout d'abord à prolonger les pourparlers ; mais le commandant du *Magellan*, lui écrivit[1] :

« Monsieur le Gouverneur,

« J'ai reçu votre lettre en date d'aujourd'hui, dans laquelle vous me faites savoir que vous acceptez les propositions que j'ai eu l'honneur de vous faire — en ce qui concerne les parlementaires.

« Au sujet du bombardement, que je vous annonce, vous me témoignez votre étonnement de ne pas voir la France se borner à un simple blocus. Je n'ai rien à répondre à cet égard, M. le Gouverneur, si ce n'est que j'ai l'ordre de l'Amiral commandant en chef d'obtenir la reddition de la ville par tous les moyens ; je ferai donc de mon mieux pour que cet ordre soit exécuté.

« Vous me demandez trois jours de délai pour réfléchir, et j'ai l'honneur de vous répondre que je vous les accorde. Il ne sera donc rien entrepris contre la ville de Campèche, jusqu'au 22 *au soir*.

1. 19 janvier 1864.

« Cependant vous me permettrez d'y mettre une condition, c'est que de votre côté il ne sera rien entrepris contre notre allié le général Navarette ; et que, pendant le même temps, il ne sortira aucun navire du port. Toute infraction à cette condition me libérerait envers vous et me permettrait de reprendre immédiatement les hostilités.

« Je consens aussi, Monsieur le Gouverneur, à permettre la sortie des femmes et des enfants, je cède en cela à un sentiment d'humanité que vous saurez apprécier et je ne me dissimule pas l'avantage que cela vous donne en vous débarrassant de bouches inutiles, — avantage que je crois fort précieux pour vous en ce moment.

« Vous avez pour cela, dans votre lettre, fait appel à mon humanité, permettez-moi de terminer la mienne en faisant appel au même sentiment chez vous. La ville de Campêche est presque la dernière du littoral à adopter le nouvel ordre de chose ; — votre cause semble perdue. Le Mexique tout entier sait maintenant que la France ne veut rien conquérir. Désirez-vous donc recourir à une effusion de sang qui ne pourrait vous conduire à aucun succès ?

« G. Cloué. »

Dès le lendemain, le gouverneur Don Garcia expédiait deux parlementaires pour discuter avec le commandant du *Magellan* les bases de la reddition de la ville.

Par une susceptibilité d'amour propre très compréhensible, Campèche ne voulait se rendre qu'aux forces navales françaises.

Elle demandait en outre :

1° La vie, la liberté, et les propriétés de tous les habitants, garanties par la France ;

2° Que les personnes qui ne se croiraient pas en sûreté dans la ville fussent transportées par les soins du commandant Cloué hors du territoire de la province ;

4° Que les marins français occupâssent la ville jusqu'à ce que l'ordre et la sécurité y fussent complètement garantis.

La capitulation fut signée à bord du *Magellan* le 22 jan-

*Carte du Mexique pour suivre les Opérations de la Marine.*

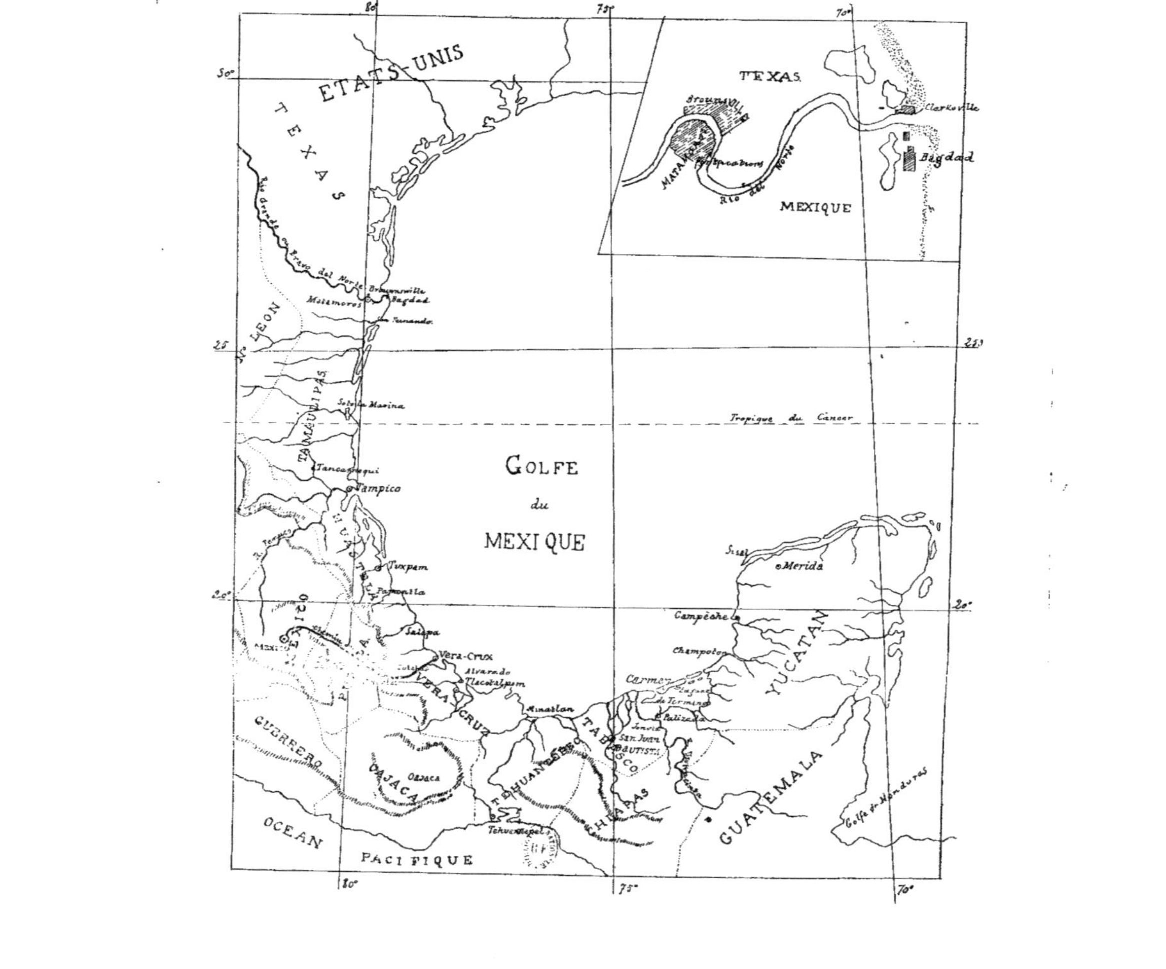

vier 1864 et grâce à l'intervention du commandant Cloué, la reddition de la ville eut lieu sans désordre.

Comme toujours, le parti Mexicain était mécontent de ne pouvoir assoupir sa haine et livrer l'ennemi au pillage et au massacre.

Il y avait d'ailleurs une vengeance à exercer. — Mérida avait été prise trois fois par les gens de Campêche qui s'y étaient assez mal conduits ; — et la troupe de Navarette ne voulait pas laisser échapper une si belle revanche.

Comme plusieurs lettres du général laissaient trop voir les intentions de sa colonne et l'agitation qui la dominait, le commandant Cloué se hâta d'y répondre :

« Mon cher général,

« ..... je prends la liberté de vous dire que je ne vous vois pas d'une tranquillité d'esprit, qu'il est cependant bien nécessaire d'avoir en ce moment. Vous voyez peut-être trop la question *Yucatan et Campèche*, et vous me paraissez mettre en deuxième ligne : la question nationale qui se résume dans ce mot « *Mexique* ».

« Ce sont des questions de rivalités, telles que celles de Mérida et de Campêche, qui ont amené votre beau et riche pays au point où il en est.

« Avant que les troupes sous vos ordres puissent entrer dans la ville même, je prendrai avec mes matelots toutes les dispositions que la prudence exige, dans un pays en proie jusqu'à ce jour à la plus déplorable guerre civile. »

Tout se passa avec ordre et suivant le texte de la capitulation ; mais le général Navarette au lieu de pénétrer dans la ville avec le commandant Cloué, voulut faire une entrée à part ; et, contrairement aux stipulations, amena avec lui une foule de ses cavaliers indiens appelés « cosaques, » — ce qui produisit grand émoi, d'autant plus que cette marche triomphale coïncidait avec une salve des goëlettes Sisaliennes.

Sur la demande impérieuse du commandant Cloué, qui vint lui barrer le passage, le général Navarette consentit à faire sortir immédiatement ses cavaliers ; mais lorsqu'il partit lui même un peu plus tard, escorté par les matelots du *Magellan*, il fut sifflé par les habitants de Campêche qui lui jetèrent des pierres dont plusieurs blessèrent les marins et même l'enseigne de vaisseau, M. de Neverlée, chef du détachement.

Le général mexicain était cependant un galant homme, — mais poussé par son entourage, il avait, en cette occasion, manqué à sa parole.

La lettre écrite par le commandant du *Magellan*, à la suite de cette pénible aventure, montre combien franc et loyal était le caractère du commandant Cloué, qui ne savait jamais déguiser sa pensée.

« Mon cher général,

« Je suis affecté de l'incident qui s'est passé hier, quand vous êtes venu en ville. Je suis ici, en vertu de la capitulation signée par vous, — et cependant, oublieux des égards que vous me devez comme allié, et plus encore, comme commandant de la ville de Campêche, vous avez fait, sans me prévenir, votre entrée dans la ville, au bruit du canon, au son des cloches, et accompagné d'une troupe nombreuse dont la présence a mis la population en rumeur.

« Non seulement il y a là une transgression manifeste de la capitulation signée par vous et dont la fidèle observation aurait du engager votre honneur ; mais encore il y a là, la plus fâcheuse imprudence. Campêche n'a plus d'armes, vous le savez bien mon cher général, car s'il en était autrement ce ne sont pas des pierres que vous auriez reçues hier, mais des coups de fusil.

« Le ton peu conciliant des lettres que vous m'adressiez au moment où je négociais la capitulation, et la forme peu parlementaire de votre sommation à la ville, comparées aux relations personnelles si agréables que j'ai toujours eues avec vous, m'indiquent suffisamment la personne qui attise le feu au lieu de vous aider à l'éteindre. — Cette personne est votre secrétaire.

« Mon caractère n'admet aucun détour, et je dis toujours franchement ma pensée — ces mêmes habitudes de franchise me font vous dire, mon cher général, que je vous prie dorénavant, lorsque nous nous rencontrerons, de faire que Monsieur votre secrétaire se tienne à l'écart.

« Je me connais en hommes — et crois ne pas me tromper; ce personnage m'inspire peu de confiance, et c'est à ce point que pour être bien sûr que ma pensée vous sera fidèlement rendue, je vous fais traduire ma lettre en espagnol — afin que vous n'ayez pas besoin de son intermédiaire. »

Le gouverneur *Garcia* et dix-huit personnes notables de la ville demandèrent à être transportés à la Havane.

Quelques jours après, le commandant Cloué ayant réussi à apaiser l'irritation des esprits, fit embarquer sur le *Magellan* les canons qui formaient la part de prise de la Marine, — c'étaient 20 pièces de bronze, presque toutes de fabrication française, portant le millésime de 1740.

Puis, ayant préparé l'arrivée des troupes mexicaines, il se décida à quitter Campêche, — et le mardi matin, 2 février 1864, 300 hommes de l'armée de Navarette entrèrent dans la ville pour relever les postes desservis par les marins français.

* * *

Pendant que le commandant Cloué occupait Campêche, il ne perdait pas de vue la conquête pacifique du littoral et recevait tous les pronunciamentos de l'armée de Navarette ainsi que les adhésions de Merida, Champotan, etc. — On peut dire que tout le Yucatan vint à ce moment vers lui pour reconnaître le gouvernement provisoire central de l'Empire du Mexique.

Cette brillante situation n'aurait fait que s'améliorer encore, si Navarette s'était trouvé à la hauteur de la position que lui avaient fait les derniers événements ; — mais le général, quoique un homme des plus honnêtes et plein des meilleures intentions, avait un caractère trop faible. Mal secondé par son entourage, il était la proie du dernier parlant et signait tout ce qu'on lui présentait sans jamais oser le modifier.

De plus son armée était composée de volontaires gardes-nationaux, absents de chez eux depuis bientôt sept mois et qui désiraient y retourner. Ces soldats cultivateurs, l'amour-propre satisfait d'avoir pris Campêche, — la ville rivale, — désertaient en masse pour revoir leurs familles.

Aussi, le général n'ayant pu donner l'assuranee de conserver la garnison de la ville, le commandant Cloué n'osa point éloigner tous ses navires et resta devant Campêche avec le *Magellan*.

Bien lui en prit car en l'espace de quelques jours il y eut dans l'armée mexicaine plus de 150 désertions, et le principal poste de Campêche fut réduit à 5 hommes.

Au moindre bruit d'enrôlement tous les gens valides des campagnes s'enfuyaient dans les bois.

Et pendant ce temps, San Juan Bautista et Minatitlan étaient dans une position des plus précaires.

Dans la première de ces localités une petite garnison mexicaine de 200 hommes sous les ordres du général Arevalo se maintenait difficilement. La canonnière la *Tourmente* mouillée près de la ville pour la défendre, souffrait gravement du feu de l'artillerie ennemie, elle avait eu 4 hommes tués et 19 blessés.

La trahison régnait d'ailleurs dans la place et nos ennemis étaient prévenus non seulement de tous nos mouvements mais encore de tous nos projets.

Les femmes, qui venaient du camp étranger coucher dans les tranchées, recevaient comme prix de leurs faveurs les cartouches des soldats. Elles enlevaient ainsi la plus grande partie de nos munitions qu'elles revendaient avec usure aux Juaristes.

Ne pouvant fournir les renforts nécessaires pour garder

la ville, le contre-amiral Bosse se décida à l'évacuation ; et, le 27 février 1864, San Juan Bautista fut abandonnée sans que l'ennemi fit la moindre démonstration offensive.

Le commandant Cloué, envoyé pour opérer le mouvement de retraite, établit nos forces à l'embouchure du Rio-Tabasco; son premier soin fut de se débarrasser des hommes indisciplinés d'Arevalo, en les dirigeant en partie sur Vera-Cruz et en partie sur la Lagune.

Il établit ensuite le blocus le plus étroit sur toute la côte Sud du golfe du Mexique. Mais hélas ! tous les efforts de notre marine devaient se trouver impuissants devant la maladresse constante de la Régence de Mexico.

Il fallait frapper un grand coup. L'abandon des villes du Tabasco avait donné prise au bruit que les Français étaient battus et lâchaient pied partout. Le parti libéral triomphait dans l'intérieur, et l'anarchie la plus complète régnait sur le fleuve Usumacita.

Le commandant Cloué signala de suite la nécessité d'écraser ces germes de révolte et de reprendre au plus vite le delta du Tabasco; mais il était écrit que jamais cette expédition ne devait avoir lieu.

Un dieu malin protégea jusqu'au bout San Juan Bautista contre toutes les entreprises.

Sur ces entrefaites, l'empereur Maximilien et l'impératrice Charlotte arrivaient, le 28 mai 1864, à Vera-Cruz après avoir été s'agenouiller à Rome devant le Saint-Père.

Le drapeau impérial flottait sur toute la côte du Yucatan à Carmen, Alvarado, Frontera, Vera-Cruz, Tuxpam et Tampico. Les autres ports du Mexique étaient toujours sous l'autorité de Juarès; mais semblaient bientôt devoir se déclarer pour nous.

Les souverains eurent le tort de se laisser aller, dès leur arrivée, à une clémence excessive. Après avoir trop vite, en signe de joyeux avènement, levé le blocus qui fermait les ressources des ports dissidents, ils prononcèrent avec trop peu de sagesse l'amnistie des gens dangereux.

Ceux-ci, rentrés dans leur province, recommencèrent plus que jamais leurs conspirations, et tel fût même l'aveuglement de Mexico que beaucoup de ces ennemis déclarés réussirent à se faire nommer aux gouvernements des villes importantes.

Les difficultés continuelles créées par la maladresse de l'entourage de l'Empereur qui cherchait à satisfaire ses créatures au lieu d'avoir égard à la situation tourmentée du pays, est mise nettement en évidence dans une lettre du commandant Cloué :

« Certes, disait-il, je ne me permets pas de contester le droit qu'a le gouvernement actuel de nommer aux places, mais il faudrait qu'il se rappelât que nous sommes en pleine insurrection et que ces nominations doivent être faites avec la plus grande prudence ; sans cela, *adieu la Paix*. . . . .

« Je désire n'être pas prophète de malheur ; je cherche à prévenir pendant qu'il en est temps, pour qu'on n'ait pas à réprimer ! ! !... »

*
* *

Au mois d'août 1864, le général Bazaine, désirant se rendre maître des provinces du nord-est, c'est-à-dire du Nuevo-Leon et du Tamaulipas, — où Juarez et Doblado cherchaient à constituer un centre de résistance, — avait prié l'amiral Bosse de combiner ses opérations avec le général Méjia, pour arriver à ce résultat.

Quatre navires : la *Bellone*, le *Darien*, le *Colbert* et la *Drôme*, furent expédiés de suite à l'embouchure du Rio-Grande ou Bravo del Norte, et le *Forfait* partit dans le Sud pour porter au *Magellan* l'ordre de rallier aussitôt l'escadre.

Les opérations sur la côte se succédèrent avec le plus grand bonheur.

Le 22 août, quatre cents marins et deux pièces de canon sous les ordres du capitaine de vaisseau Véron, prirent possession de la ville de Bagdad, à l'embouchure du fleuve ; puis, coupant la ligne de retraite aux corps qui menaçaient la division Méjia, cette compagnie de débarquement contribua puissamment à la reddition de Matamoros qui fut occupée le 26 septembre 1864, sans coup férir.

Sous un climat brûlant, sous des pluies torrentielles, au milieu des marécages insalubres, nos braves marins furent admirables de dévouement.

La cause de l'empire semblait avoir fait d'importants progrès, et Napoléon III pensa pouvoir restreindre l'action de la marine jusqu'à n'avoir plus que quelques navires au Mexique.

Aussi le 2 octobre, l'amiral Bosse recevait l'ordre de prendre le commandement de la station des Antilles et de l'Amérique du Nord, en laissant le capitaine de vaisseau Cloué, Commandant supérieur de la marine dans le golfe du Mexique.

L'amiral partit donc le 15 octobre 1864 avec la *Bellone* pour se rendre à New-York et y recevoir le service et les archives des mains de l'amiral Reynaud.

## § II. — PROGRÈS DES JUARISTES. — DIFFICULTÉS AVEC LES AMÉRICAINS

Composition de la Division navale sous les ordres du Commandant Cloué. — Situation du littoral à la fin de 1864. — Long séjour du *Magellan* devant Vera-Crux. — Sacrificios. — Le désordre règne dans le gouvernement mexicain. — Première attaque de Tuxpam par les juaristes; seconde attaque de Tuxpam. — Difficultés sur le Rio-Bravo-del-Norte. — Mission de l'enseigne de La Bédolière. — Correspondances du Commandant Cloué avec le général américain Wetzel. — Sac de Bagdad. — Evacuation de Matamoros. — Les juaristes s'emparent de Tampico. — Evacuation de Tlacotalpam.

En quittant Vera-Cruz, l'amiral laissait entre les mains du nouveau chef de division, douze bâtiments répartis de la manière suivante :

Le *Darien*, devant Rio-Grande, chargé de se tenir en constante communication avec le général Méjia et de surveiller les manœuvres hostiles des Américains ;

Le *Brandon* (capitaine de Jonquières), et le *Pizarro* (capitaine de Rozière), préposés à la surveillance des côtes du Yucatan ;

La *Tourmente* (capitaine Roy), devant Carmen ;

La *Tempête* (capitaine X...), et la *Ste-Barbe* (capitaine X...), à Alvarado ;

Le *Magellan*, le *Colbert* (commandant Joubert), le *Forfait* (commandant X...), l'*Adonis* (capitaine Miot), la *Tactique* (capitaine X...), et la *Pique* (capitaine de la Barrière), avaient leur quartier général à Vera-Cruz et à Sacrificios, prêts à se porter où leur présence serait nécessaire.

Le rôle de la marine devait se borner à aider les transports des troupes, à centraliser les approvisionnements de l'armée et à protéger les points du littoral.

Ce n'était point là une mince besogne, surtout en l'état précaire de notre domination.

Voici quelle était la situation des côtes au moment où le commandant Cloué prit la direction des affaires.

Dans le sud de Vera-Cruz, grâce à l'impression favorable produite sur les esprits par l'arrivée de Maximilien, le plus grand calme avait régné pendant cette dernière partie de l'année 1864 ; — la tranquillité du Yucatan n'avait été troublée que par deux légers incidents : le premier fut l'expédition d'un espagnol nommé *Ferreiro* qui, parti de San Juan Bautista avec une troupe de libéraux et après avoir pillé quelques pauvres villages dans le fond du Yucatan, vint se faire prendre avec armes et bagages auprès de Champotan.

Le second fut l'échauffourée du colonel *Solis* qui, placé à la tête du corps qui défendait contre les Indiens la ligne du sud-est, et croyant le moment opportun pour faire un pronunciamento, s'avança contre Mérida ; mais il fut bientôt arrêté par ses propres soldats et rendu à la liberté !

Dans le Nord, au contraire, l'agitation était grande :

Les Juaristes, secrètement aidés et encouragés par les Américains, menaçaient le Tamaulipas et le Nuevo Leon. Aussi la possibilité d'une intervention armée des Etats-Unis contre le Mexique, préoccupait-elle vivement le commandant Cloué, qui s'appliqua tout spécialement à la surveillance de la frontière.

Matamoros, on le sait, est sur la rive droite du Rio-Bravo, qui sépare le Texas du Mexique ; et plus bas, vers l'embouchure du même fleuve, se trouve Bagdad, sorte d'annexe commerciale de Matamoros. Comme pendants immédiats, sont en face sur la rive américaine Brownswille et Brazas-Santiago.

On comprend facilement combien la proximité de ces quatre villes pouvait favoriser les relations intimes et rendre pénible notre situation militaire.

Il eût fallu pour prévenir l'ingérence des gens du Nord une extrême prudence que le général Méjia n'avait pas.

Vers la fin du mois d'octobre 1864, des rapports dignes de foi informèrent le commandant Cloué qu'il allait sortir de la Nouvelle-Orléans et de Key-West, plusieurs corsaires que le gouvernement de Juarez armait contre nous.

Cette nouvelle émut profondément le général Bazaine qui pria le chef de la division de fortifier Saint-Jean d'Ulloa et Sacrificios.

Il voulut même faire convoyer nos paquebots par des bâtiments de guerre et embarquer sur chacun d'eux un petit détachement d'infanterie pour les protéger.

* * *

Après avoir fait une tournée générale des côtes, et laissé le *Darien*, qui fut plus tard remplacé par la *Tisiphone* comme sentinelle devant Bagdad, le commandant Cloué revint avec le *Magellan* reprendre son poste à Verra-Cruz ; où se centralisaient toutes les opérations de transport et de ravitaillement de l'armée ; c'était en même temps la tête de ligne du chemin de fer communiquant avec la capitale.

De long mois se passèrent dans la fatigante inaction de Sacrificios devant lequel le *Magellan* était mouillé.

Situé à trois mille de Verra-Cruz, cet îlot, qui ne produit pas d'eau potable, était le magasin général de la flotte. On y débarquait les bœufs, les moutons et jusqu'aux volailles, afin d'aérer les bâtiments et de les nettoyer. — Les compagnies de débarquement y faisaient l'exercice.

L'amiral Bosse avait eu l'heureuse idée d'y installer également, — avec des débris de vieilles stalles et des planches provenant du *Montézuma* — une grande cabane, dite *Cabane du Sud*, pour servir de sanitarium aux malades des petits bâtiments lorsqu'ils arrivaient des rivières.

Enfin, pour compléter l'aspect désolé du paysage, on voyait non loin de là, dépassant les roseaux, s'élever les croix ou les pierres très-blanches du cimetière des marins.

On ne saura jamais combien il a fallu d'abnégation et de force d'âme à nos équipages pour vivre pendant d'aussi longs mois devant *Sacrificios*, sans que leur gaieté et leur bonne humeur en fussent altérées.

Rien n'étaient plus morne, plus triste que ce monticule sablonneux, sur lequel les Indiens offraient autrefois des *sacrifices* à leurs Divinités sanguinaires.

A toutes ces souffrances physiques vinrent bientôt se joindre des souffrances morales plus pénibles encore.

Le succès semblait fuir plus que jamais le dévouement des troupes et les efforts surhumains de chacun.

L'on sentait partout le contre-coup du désordre effrayant qui régnait dans le gouvernement mexicain, dont les membres faibles ou malhonnêtes, laissaient s'établir autour d'eux les concussions et les rapines.

La race mexicaine n'avait pas, en administration, la notion

du bien ou du mal ; et c'était là l'écueil où se brisaient les tentatives d'organisation.

Comme nous l'avons dit plus haut, des intrigues de palais étaient arrivées très vite à obtenir de la clémence de Maximilien, la grâce des exilés et à leur permettre le retour dans leurs provinces.

A Campêche, l'ancien gouverneur don Pablo Garcia agitait sourdement le Yucatan ; — Mérida, Champotan, étaient fomentées par les conspirations — et l'état de Tabasco tout-à-fait juariste, ne cessait d'entretenir et de fournir les bandes qui désolaient le pays.

Dans le Huasteca, au nord de Vera-Cruz, l'agitation était extrême ; et Tuxpam fut plusieurs fois sur le point d'être occupé et pillé par l'ennemi.

Les principales attaques eurent lieu le 17 octobre 1864 et le 21 février 1865.

* * *

Dans la première affaire (17, 18 et 19 octobre 1864), les bandes qui étaient venu attaquer *Tuxpam* partirent de Papantla, leur repaire ordinaire, au nombre de 70 cavaliers et 540 fantassins.

Elles avaient déjà pris le village de Tuspitla et commençaient à passer sur la rive gauche quand le canot du *Forfait* se présenta.

Tuxpam est un grand bourg de 3000 âmes, s'étendant principalement le long de la rivière et fort peu en largeur.

Les maisons généralement en pisé et couvertes de chaume, sont très basses et n'ont guère qu'un rez-de-chaussée avec vérandah, — mais elles possèdent toutes un vaste jardin et sont très espacées.

Au bord même de la rivière sont deux *Cerros* dominant toute la ville ; celui de la *Croix* et celui de l'*Hôpital* ; — chacun d'eux possédait une pièce de 18 sur plate-forme en palissade. (*Voir carte n° .)*

Les défenseurs de la place se montaient à 45 cavaliers, 140 fantassins et 120 hommes de milice.

Une grande émotion régnait depuis quelques jours dans la ville ; — les habitants connaissaient la rapacité et la cruauté de leurs ennemis ; aussi la plupart des familles avaient-elles fui à Temapache, Tamiagnia, etc.......... Il est donc facile d'imaginer la joie que causa l'arrivée du canot du *Forfait*, le 17 au matin.

Le feu s'engagea vivement, surtout avec l'ennemi échelonné sur la rive droite, et le canot, balayant plusieurs fois avec sa mitraille la berge du fleuve, empêcha les troupes ennemies de continuer leur passage. Plus de deux cents hommes, durent garder la rive opposée à la ville.

Les troupes dissidentes ne pouvaient entrer que par trois points : 1° le pont de Tenechaco ; 2° la passe de Palomar ; 3° celle du Zapote ; car il leur eût fallu des forces considérables pour contourner les hauteurs et déboucher dans la ville par la large route qui existe entre les Cerros du Campanario et de l'Hôpital.

Par une feinte de retraite habile, l'ennemi échappa au lieutenant-colonel mexicain Llorente, fils du préfet de Tuxpam, et, tournant sur la gauche, vers minuit, parvint à passer l'Estero de Tenechaco dans des pirogues.

Après avoir pris en flanc le pont du Palomar et en arrière celui de Tenechaco, il établit une série de barricades partant du pied du Palomar et coupant les rues parallèles à la rivière, sur laquelle s'appuyait sa droite.

Le 18 au matin, deux canots du *Forfait*, se déplaçant devant la ville, canonnèrent l'estero de Tenechaco et les rues en enfilade, et en peu de temps déterminèrent la retraite des Juaristes.

Enfin dans la nuit du 18 au 19, près de l'un des postes avancés, dans la rue principale, on trouva sur une lance fichée en terre, une lettre annonçant la retraite définitive de l'ennemi qui recommandait à la générosité des Français, les blessés qu'il abandonnait. Au jour, les canots quittèrent la ville au milieu des cris et des remerciements enthousiastes de la population.

Sans les embarcations du *Forfait*, la ville était perdue.

* * *

Pour prévenir un retour offensif de l'ennemi, le commandant Cloué attacha tout spécialement la *Pique*, à la garde de Tuxpam.

Cette canonnière, d'un tirant d'eau beaucoup plus faible que le *Forfait*, put mouiller devant la ville; — elle y séjourna jusqu'à la fin du mois de novembre.

Puis, comme il courait sur le compte du préfet politique M. Llorente de singuliers bruits, le commandant le fit remplacer comme Gouverneur de la ville par un homme plus fidèle, le général Ulloa.

Malgré toutes ces précautions et après le départ du stationnaire, Tuxpam fut attaquée une seconde fois, le 21 février 1865, par huit cents dissidents à la tête de plusieurs pièces de canon.

Le *Colbert* se trouvait heureusement sur rade. Trente-six hommes furent aussitôt débarqués et divisés en trois corps : quatorze sous la conduite de l'enseigne de vaisseau Fenaux, pour défendre le cerro de la Croix ; quatorze avec l'enseigne de vaisseau Le Tesson pour le cerro de l'Hôpital ; et les huit restants sous les ordres du capitaine de vaisseau Joubert pour réunir les deux forts et garder les barricades.

Après un combat acharné de plus de cinq heures, la garnison mexicaine lâcha pied et le commandant du *Colbert* resté presque seul dans la ville, dut se rembarquer avec sa petite troupe en abandonnant les deux détachements.

Pendant toute la soirée qui était extrêmement noire, la fusillade continua plus vive que jamais, pour ne s'éteindre qu'à dix heures.

Le commandant Joubert pensa que l'ennemi avait vaincu la résistance des fortins et occupé Tuxpam, aussi se rendit-il de suite à bord de la frégate autrichienne *Novara* que le bruit du canon avait attirée devant la ville et pria le commandant d'aller à Vera-Cruz demander du secours au *Magellan*.

Mais ce secours devait être heureusement inutile, le lendemain matin quand les canots du *Colbert* descendirent à terre avec des renforts, la ville était déserte, et les flancs du cerro de l'Hôpital couverts de cadavres.

La troupe de M. de Tesson avait eu à soutenir plusieurs assauts d'un ennemi exaspéré ; — mais si l'attaque fut terrible, héroïque fut vraiment la défense, et la poignée de marins tint par quatre fois les colonnes ennemies en respect. — Un grand nombre d'assiégeants arrivèrent jusque dans le fossé : les canons des fusils se croisèrent sur le parapet ; plusieurs mains furent coupées par les baïonnettes ennemies.

Quelques mexicains restés fidèles avaient contribué au succès de cette nuit ; à leur tête se trouvait le lieutenant-colonel Enrique, fils de l'ancien gouverneur Llorente, qui fut blessé et se conduisit avec bravoure. Semblables aux héros d'Homère, les deux partis mexicains n'avaient manqué d'échanger des injures d'un camp à l'autre tout en combattant.

Au milieu des plaintes des blessés, on entendait revenir sans cesse, dominant la fusillade, le fameux « hijo de p..... », la plus grande injure dans la bouche d'un Mexicain.

Vers dix heures du soir, le feu des assiégeants s'était ralenti brusquement et tous les clairons juaristes avaient sonné la retraite. — Un hurrah formidable s'était élevé de de toutes les poitrines, et les cris de « Vive l'empereur Napoléon, vive l'empereur Maximilien » mille fois répétés, avaient annoncé à la ville que l'ennemi était repoussé. C'étaient ces clameurs enthousiastes que le *Colbert* avait pris pour les cris de joie d'un ennemi vainqueur.

On releva le lendemain, entre les fossés, trente-trois cadavres et huit blessés, et l'on ramassa soixante fusils, un drapeau et plusieurs caisses de cartouches.

Enfin, à la porte de la ville, on trouva, sur une lance plantée en terre, une lettre de l'ennemi recommandant aux Français ses blessés et ses morts.

Pendant ce temps le Commandant Cloué recevait la dépêche expédiée par le *Novara* et appareillait pour Tuxpam, avec la *Pique*, la *Tactique* et le *Forfait*.

Bien que les nouveaux renforts fussent devenus inutiles, il y avait cependant nécessité de maintenir une garnison sérieuse dans la ville, et d'anéantir Papantla qui élevait constamment une épée de Damoclès sur la tête de nos alliés.

Le Commandant Cloué signala l'importance de cette expédition ; mais le maréchal Bazaine prétendit qu'il n'avait pas de troupes disponibles, et pria la marine de se *débrouiller*.

Il fallut donc recourir à cette fameuse milice qui s'envolait au premier feu et qui ne tenait que par la flatterie. Aussi, pour rallier franchement à nous le Lieutenant colonel Llorente, dont le passé aurait pu faire craindre une défection, le Commandant Cloué lui écrivit : « Bravo Monsieur le « Colonel, bon sang ne saurait mentir, votre conduite a été « au dessus de tout éloge, ainsi que celle de vos concitoyens « qui ont suivi vos traces ; désormais, lorsque l'on parlera « d'eux on dira *les braves de Tuxpam* ! »

. . .

L'affaire de Tuxpam était à peine calmée que le Sud vint absorber toute l'attention du Commandant de la station navale.

Le blocus, trop tôt levé par Maximilien pour plaire aux puissances étrangères, favorisait les ressources des dissidents.

Le Tabasco retirait des douanes de très grands subsides et accumulait ses défenses ; l'agitation était extrême !

Il fallait plus que jamais prendre une résolution énergique ; et le Commandant Cloué, dans toutes ses lettres au Maréchal Bazaine, demandait à faire l'expédition de San Juan Bautista, et à fermer cette côte par un blocus impénétrable.

Sans jamais lui donner d'ordres directs et quelque pressantes que fussent ses demandes, on ne lui répondait de Mexico que par de vagues promesses ou bien des lettres dans le genre de celle-ci :

« Certainement les dissidents tirent de la mer, entre Carmen « et Minatitlan, la plus grande partie de leurs ressources, et « principalement leurs armes et leurs munitions.

« Cet état de chose ne saurait se prolonger, nous ne « pouvons malheureusement faire aucune expédition en ce « moment, mais j'ai entretenu S. M. de l'importance qu'il y « aurait à exercer dans cette partie du golfe, une action « sévère, ressemblant à un blocus, *sans toutefois en avoir la « portée*, dans l'acceptation diplomatique du mot.

« S. M. a approuvé la proposition que je lui ai faite, il « faut opérer de telle sorte que la diplomatie ne puisse « trouver *sérieusement* à redire à l'action exercée par nos « croiseurs. BAZAINE. »

Un jour, cependant, le Commandant Cloué croit tenir la réalisation de ses désirs ; la dépêche qu'il reçoit du Maréchal est conçue en ces termes :

15 Mars 1865,

« Puisque vous assurez pouvoir faire l'expédition de « Tabasco dans de bonnes conditions de navigation en « rivière, afin de ne mettre à terre les troupes que près de « San Juan Bautista, pour leur épargner les fatigues de la « marche, — je mets à votre disposition une partie du « 2me de zouaves embarqué sur le *Rhône*, que vous ferez « alors mouiller à Frontera. Après ce coup de main, le « *Rhône* continuera son voyage avec tout le régiment, mais « il est bien entendu qu'aucune garnison française ne doit « être laissé dans le Tabasco. »

C'était une fausse joie ; le surlendemain 17, tout était décommandé ; et le Maréchal renonçait à l'expédition, donnant pour raison :

« Le retard qu'éprouverait le 2me de zouaves serait trop

« considérable si cette expédition devait se faire telle que je « vous l'ai indiquée dans ma dépêche d'hier ; l'on serait « très mécontent en France et en Algérie où le régiment est « attendu. »

Bien variées furent encore, dans la suite, les phases par lesquelles passa cette expédition tant désirée contre San Juan Bautista.

Le 24 mai 1865, le commandant Cloué part sur l'*Adonis* pour s'entendre avec le commissaire impérial du Yucatan ; les autorités du pays avaient déclaré qu'elles tenaient à conclure rapidement cette affaire du Tabasco avec toutes les forces dont elles disposaient pour n'avoir plus à s'occuper ensuite que de la guerre des Indiens, qui durait depuis longtemps.

Mais, dès l'arrivée du navire français, un changement à vue se produit. Les Indiens rebelles, par une attaque hardie, ont causé une panique telle, qu'au lieu d'envoyer des troupes au Tabasco, l'on demande à grands cris du renfort de la capitale.

D'ailleurs, en même temps que le maréchal Bazaine avait donné au commandant Cloué l'ordre de se rendre dans le Sud et de préparer l'opération, le ministre de la guerre (général Péza) défendait aux troupes mexicaines de bouger.

Les gens de Tabasco avaient à Mexico des amis haut placés qui les servaient avec dévouement ; — par cet ordre, Péza paralysait la marine française et sauvait le pays menacé ; — il avait bien mérité de Juarès qui lui en saurait gré tôt ou tard :

« Les choses, écrivait au commandant Cloué, une personne de l'entourage de Maximilien, vont mal, très mal même, plus mal que je n'ose le confier au papier. Il faut être ici pour voir et comprendre ce qui se passe ; nous approchons de la faillite, c'est l'affaire de six mois, un an... peut-être.

« L'Empereur est trahi partout, de tous côtés ; sa nature loyale et bonne lui fait conserver toutes les illusions. Il disait hier, au général Douay : la question militaire est mauvaise, mais la question politique est bonne ; c'est-à-dire, j'ai la gangrène et je me porte fort bien.

« Il faudrait une énergie de fer, une dictature vraiment militaire et française pour dégager la position.

« Le maréchal Bazaine n'en veut pas ; il se livre aux douceurs de la lune de miel et cependant de graves événements ne peuvent tarder à se produire.

« Espérons que la France n'y laissera pas une partie de son honneur gravement compromis (6 juillet 1865). »

Et le Tabasco se trouva sauvé des entreprises du commandant Cloué, pendant toute cette année 1865, — car il fallait attendre le retour de la saison sèche avant de pouvoir rien entreprendre.

* * *

Tandis que ces difficultés se produisaient dans le Sud, de graves nouvelles arrivaient du Rio-Bravo, où la neutralité mexicaine était violée au profit des confédérés américains.

C'est ainsi que le vapeur *Ark*, appartenant à un citoyen des États du Nord, s'étant échoué, en remontant le fleuve au-dessus de Bagdad, sur la berge mexicaine, avait été saisi par les confédérés, conduit à Brownswille, condamné comme prise avec sa cargaison et vendu à des Mexicains.

Une trentaine de déserteurs des troupes du Sud, avaient été arrêtés sur le territoire mexicain par un corps confédéré.

De plus, Carvajal avait traversé la frontière pour recevoir des armes et des munitions provenant de la Nouvelle-Orléans, — et, Matamoros était sur le point d'être attaqué par les dissidents. Le général Méjia écrivait : « Arrivez vite, j'ai absolument besoin d'être secouru. » Il fallait agir sans tarder ; aussi le 24 avril 1865, le maréchal télégraphiait au commandant Cloué :

« Je vous envoie un bataillon de 500 hommes et de l'artillerie formant un total de 640 hommes et 20 animaux : un navire suffira donc pour les transporter à l'embouchure du Rio-Grande. Tenez-vous prêt de votre personne, à partir avec plusieurs bâtiments pour appuyer cette expédition. En arrivant à Bagdad, si le général Méjia tient encore la campagne et est resté maître de Matamoros, vous mettrez la colonne à terre et elle se dirigera sur la ville pour prêter son concours; mais si, au contraire, le général Méjia a essuyé un échec, s'il n'occupe plus Matamoros et si nos troupes doivent se trouver seules, il ne faudra pas les débarquer, vous les ramènerez à Vera-Cruz. En tout cas, je vous laisse juge de la détermination à prendre, vous vous inspirerez des évènements. »

Le 1er mai, les troupes embarquaient et les ordres étaient si habilement et si rapidement exécutés, que le 4, elles entraient à Matamoros. Il était temps en effet d'agir, car les dissidents enveloppaient la ville et si nous avions tardé un ou deux jours nous perdions le Tamaulipas.

Le maréchal Bazaine, dans sa réponse au commandant Cloué, écrivait de sa main :

« Dans mon courrier à l'Empereur Napoléon, je lui rends compte de l'opération que vous venez de diriger sur Matamoros, en lui exprimant combien j'ai été satisfait de la direction que vous avez imprimée à cette opération difficile.

« Complimentez votre escadre en mon nom. »

Matamoros était, pour le moment, à l'abri d'un coup de main, mais le bataillon Briant, débarqué dans la ville en mai, devait être envoyé à Tampico le 15 juillet pour remplacer des troupes rapatriées, et bientôt, décimé lui-même par les rigueurs du climat, il était rapporté à Vera-Cruz le 16 août, avec 13 officiers et 250 soldats restants de l'effectif complet.

La reprise des hostilités ne se fit pas attendre : tant que Cortina devait rester dans ces parages, il n'y avait pas de paix possible pour le nord du Mexique.

C'était le plus dangereux ennemi de l'Empire ; — qu'il fut lâche ou brave, sot ou spirituel, ignorant ou instruit, peu importe ! on avait laissé grandir son nom et sa puissance, et il était devenu un personnage légendaire, un héros de roman.

Il avait conservé sur tout le monde, le même empire

qu'au temps où il gouvernait le Tamaulipas ; Ses arrêts, ses ordres, étaient fidèlement exécutés, nul n'osait méconnaître l'autorité d'un homme qui serait, dans quelques jours peut-être, réinstallé dans son gouvernement.

Quiconque voulait voyager, allait trouver Cortina et en obtenait, moyennant six piastres, un passe-port qui lui assurait aide et protection, tandis que le passe-port impérial était une fort mauvaise recommandation.

En août 1865, la ville de Matamoros était si étroitement bloquée, qu'on ne pouvait aller à cent mètres des fortifications sans risquer d'être enlevé. Chaque jour, des guérilleros venaient faire des démonstrations, pousser des cris, tirer des coups de fusil sur un point quelconque de l'enceinte.

* * *

Pour se rendre compte de la situation exacte du pays, le Commandant Cloué chargea l'Enseigne de vaisseau de la Bédollière, embarqué sur la *Tisiphone*, de faire une tournée sur les bords du Rio-Grande.

Cet officier, qui parlait très correctement l'anglais et l'espagnol, voulut bien se charger de cette mission périlleuse et partit en bourgeois ; — son rapport permet de se faire une idée nette de l'état des esprits :

« Il faut l'avoir vu pour le croire, disait-il, Matamoros, « ville de 15,000 habitants avec 3,000 hommes de garnison, « est assiégée par une poignée de malfaiteurs.

« Les succès de Cortina inspirent aux libéraux une « confiance si extraordinaire que l'on parle de l'Empire, « comme d'une chose ayant fait son temps ; on conspire « ouvertement.

« La population, les troupes du général Méjia, en un » mot tout ce qui est mexicain, a salué avec enthousiasme le » départ des troupes françaises (Briant), et l'a célébré comme « une victoire : « Enfin ils sont partis *les Corrimos* (nous les « avons chassés) criait-on dans les rues et sur les places « publiques. »

« La division Méjia s'affaiblit de jour en jour par les « maladies et les désertions ; — les fortifications commencées « par la légion étrangère sont restées inachevées et tombent « en ruines ; les grandes pluies de septembre vont les « emporter.

« Le Général est à l'abri de tout soupçon, chacun « l'honore et le respecte ; mais il ne peut ou ne veut rien « faire.

« Trop intelligent pour ne pas voir les menées des « traîtres qui l'entourent, trop honnête pour tremper dans « toutes les infâmies, il manque de l'énergie nécessaire « pour punir les coupables.

« Les munitions arrivent journellement de Matamoros « au camp ennemi ; la poudre sort de la ville dans des boîtes « à conserves, les capsules dans des bouteilles à encre en « verre épais.

« Enfin, de nombreux rassemblements de troupes ont « lieu sur la frontière du Texas, où les Américains comptent « au moins 70,000 hommes. »

Laissant la *Tisiphone* surveiller l'embouchure du Rio-Grande, le Commandant de la division revint passer quelques mois sur le *Magellan*, mouillé devant Sacrificios. L'équipage était aux prises avec le vomito-négro, et manquait de médicaments, de linge, de chlorure de chaux, qu'on attendait inutilement de France, Il eut fallu prendre la mer pendant quelques semaines, mais le Commandant ne pouvait s'éloigner de Vera-Cruz, l'endroit le plus chaud du Mexique.

Située dans un affreux désert de sable, qui double les rayons du soleil, la ville est également entourée de ravins remplis d'eau marécageuse, véritables laboratoires de fièvre jaune ; — et les mois d'été y sont les plus dangereux.

*
* *

A la fin d'octobre 1865, le Commandant Cloué apprit que Matamoros était attaqué depuis le 18 par les forces d'Escobedo, comptant environ 3,000 hommes, parmi lesquels beaucoup d'Américains flibustiers, avec onze pièces de canon.

Il part aussitôt avec le *Magellan*, l'*Adonis* le *Tartare* et la *Tactique* pour se rendre au Rio-Bravo, où il arrive le 6 novembre. Ayant loué immédiatement un petit vapeur de rivière l'*Antonia*, qui se trouvait à Bagdad, il l'arme avec une pièce de 12, une pièce de 4 rayée et 50 hommes ; et en confie le commandement à l'Enseigne de vaisseau de la Bédollière qui connaît parfaitement la localité.

Puis il écrit au Général Wetzel qui commandait les forces des Etats-Unis, la lettre suivante :

Devant le Rio-Grande, 6 novembre 1865.

« Monsieur le Général, j'ai toujours été exactement ren-« seigné sur tous les événements qui se passent aux environs « de Matamoros ; c'est vous dire que je connais parfaitement « tous les secours que les soi-disant libéraux ont retirés et « retirent du Texas et en particulier de Brownswille.

« Les hommes, les vivres, les munitions de guerre sont « fournis à nos ennemis par des personnes qui relèvent de « votre commandement ; les pièces d'Escobedo sont servies « par des canonniers qui viennent de votre armée et ne « sont même pas encore congédiés.

« Les blessés sont reçus à l'hôpital de Brownswille. Les « officiers d'Escobedo et de Cortina viennent journellement « en armes dans cette ville, prendre leur repas, ou se reposer « dans les intervalles de loisir que leur laisse l'attaque de « Matamoros.

« En un mot Brownswille semble être le quartier général « des Juaristes, et personne ne doute que, ni Escobedo ni « Cortina ne seraient en état d'entreprendre quoique ce soit, « s'ils n'avaient les ressources continuellement renouvelées « du Texas, pour les soutenir.

« Je prendrai la liberté, M. le général, de vous rappeler « combien a été différente de ce qui se passe ici, la conduite

« de la France pendant la récente guerre qui vient de déchirer « l'Union Américaine.

« La France est restée loyalement neutre ; s'il en avait « été autrement, si nous avions fait la centième partie de ce « qui se fait à Brownswille ou sur les bords du Rio-Grande, « le peuple Américain aurait protesté hautement, et il aurait « eu raison.

« Les lois internationales, adoptées par tous les états « civilisés sont obligatoires *pour tous*. De même que ces lois « nous engageaient d'honneur à rester neutres, elles *vous* « *engagent* à votre tour, car vous ne pouvez pas prétendre à « être affranchis des règles sur lesquelles vous vous êtes « appuyés, sous le prétexte qu'elles ne sont plus bonnes à « rien.

« Après vous avoir présenté les observations qui précè- « dent, Monsieur le général, je termine ma lettre en protes- « tant de la manière la plus formelle contre la violation « flagrante de la neutralité de cette frontière et particulière- « ment à Brownswille.

« Veuillez agréer, Signé : CLOUÉ. »

Le général répondit :

« Sir. I have received your communication of the 6th instant, and return it herewith, as I cannot receive a document so disrespectfull towards the governement I have the honour to represent.

« If you have any complaints to make they will be dully submitted by me to higher authorities, if said complaint are in proper terms and couched in proper language.

« Signé : WETZEL. »

*I am, Sir, very respecfultly your obedient servant.*

Pendant que s'échangeait cette correspondance, le vapeur *Antonia* remontait la rivière et arrivait rapidement à Matamoros, après avoir essuyé de violentes attaques *sur les deux rives* et reçu, à bout portant, une vive fusillade dans un passage où il était obligé de ranger à deux mètres, la berge neutre.

En arrivant dans la ville, dit M. de la Bédollière dans son rapport, toutes les troupes américaines étaient *sur la rive, nous regardant passer en silence et semblant consternées* de notre victoire. Pendant ce temps, les cavaliers mexicains qui avaient tiré de la berge américaine, cavalcadaient le long du rivage en échangeant des saluts et des poignées de mains avec les officiers des États-Unis ».

Le commandant Cloué sa hâta d'écrire au général Wetzel la seconde lettre suivante :

9 novembre 1865.

« Monsieur le Général,

« J'ai l'honneur de vous informer qu'il a été tiré des coups de feu de la rive Américaine sur le détachement de marins qui remontait le fleuve à bord du vapeur *Antonia.*

« Conformément à mes ordres bien précis, l'officier commandant le détachement de marins, a recommandé à ses hommes de ne répondre à aucun acte d'hostilité, quel qu'il fût, partant de la côte Américaine ; cet ordre a été exécuté, et continuera à l'être quoiqu'il arrive, parce que nous connaissons nos devoirs de belligérants et sommes déterminés à ne pas nous en écarter.

« Selon les lois internationales, les Mexicains en armes qui passent votre frontière, devraient être arrêtés, désarmés et internés par vous. A plus forte raison, Monsieur le Général, ces lois exigent-elles que vous ne tolériez aucun acte d'hostilité partant de chez vous.

« C'est manquer de respect aux États-Unis, que de venir sur leur territoire pour tirer de là sans danger sur nos troupes.

« J'ai la confiance, Monsieur le Général, que les actes d'hostilités commis contre l'*Antonia*, ont été exécutés à votre insu ; et je suis certain qu'il m'aura suffi de vous signaler des faits aussi déplorables pour qu'ils ne se renouvellent plus.

« Peut-être ne savez-vous pas que les assaillants de l'*Antonia* ont communiqué avec vos troupes qui descendaient la rivière sur le vapeur *Tampico?* Et en outre, que ces mêmes assaillants, repassant avec elles au Texas en vue de l'*Antonia*, ont encore fraternisé avec les militaires des États-Unis ».

Ces réclamations parurent sans doute trop bien fondées au général Wetzel qui répondit par une lettre cavalière et sans signature, à laquelle le commandant Cloué fit aussitôt la réponse :

15 novembre 1865.

« Monsieur le Général,

« J'ai reçu aujourd'hui la lettre ci-jointe qui semble provenir de votre quartier général, mais elle ne porte *aucune signature.* Je suis ici *chef des forces navales Françaises du Golfe, et en aucune manière*, sous les ordres de M. le général Méjia, pour qui je professe néanmoins la plus haute estime.

« Tous les officiers, commandant les forces des États-Unis, à qui j'ai eu l'honneur d'écrire jusqu'à ce jour, m'ont fait l'honneur et la *politesse* de me répondre et de *signer leurs lettres.*

« Je regarde comme irrespectueux pour moi l'envoi d'une lettre non signée.

« Il m'est difficile, Monsieur le Général, de voir là autre chose qu'un oubli, quelqu'inexplicable qu'il puisse paraître, mais je ne puis accepter une lettre qu'avec une signature.

« C'est pourquoi, j'ai l'honneur de vous renvoyer celle-ci que je dois regarder comme non avenue.

« Vous comprendrez bien, Monsieur le Général, que je donne connaissance à qui de droit, de votre manière d'agir à mon égard. »

Enfin, le général sembla comprendre l'inconvenance de ses procédés, car il expédia le 19 au matin, le colonel White, commandant la brigade de Brazas-Santiago, avec la lettre du 12 portant sa signature et une nouvelle lettre conçue dans les termes suivants :

Brownswille, 18 novembre 1865.

« Hé (général Méjia) and I have already had more correspondence than was pleasant to me.

« I do not wish to write letters : It is no my profession, and I was not sent here by my governement to write letters. I would therefore again repeat that wither you, or général Méjia, alone, take charge of all correspondence with me. »

Pour clore cet échange de lettres avec les Américains, le commandant Cloué répondit :

« Monsieur le Général,

« J'ai l'honneur de vous accuser réception de votre lettre du 18 à laquelle est jointe votre lettre du 12 qui, cette fois porte votre signature.

« Il m'est impossible comme officier français de charger M. le général Méjia de transmettre les réclamations que je pourrais avoir à vous adresser. Je pense M. le Général que je n'en aurai plus d'aucune sorte à vous faire et croyez que je le désire vivement. »

Sur ces entrefaites, le maréchal Bazaine donnait l'ordre de prendre une attitude tout à fait énergique vis-à-vis des autorités américaines : « Si de la rive du Texas l'on tire encore sur nos troupes ; répondez, disait-il, en rendant au moins coup pour coup. »

La présence de l'*Antonia* causait un grand ennui aux libéraux qui firent plusieurs tentatives pour s'en emparer : — une nuit même, un chaland et cinq embarcations, chargés de monde, se laissèrent dériver le long du fleuve pour l'aborder, mais l'enseigne de la Bédollière veillait, et une seule volée de mitraille dispersa les assaillants.

Enfin, le 20 novembre, l'*Allier* portant un contingent de 388 Autrichiens, mouilla devant Bagdad. Les troupes embarquèrent de suite sur l'*Antonia* et deux petits vapeurs semblables, l'*Alamo* et le *Camargo*, commandés par MM. Maréchal, enseigne de vaisseau de l'*Adonis*, et Le Moine, de la *Tisiphone*.

* * *

Matamoros était encore une fois sauvée, l'ennemi se retira dans l'intérieur du pays en brûlant les villages au nom de la *Liberté*. Les deux petits vapeurs, qui coûtaient 300 piastres de location par jour, furent rendus au commerce, et l'*Antonia* resta seule avec la *Tisiphone* pour défendre la ville. La trêve devait être de courte durée, vainement le commandant Cloué demandait-il qu'on lui rendit les hommes de la *Tisiphone* et de l'*Adonis*, dont la mission à Matamaros était terminée, et dont la présence en rivière paralysait les opérations projetées sur d'autres points. Le général Méjia répondait par une fin de non-recevoir, prétextant qu'il redoutait chaque jour une attaque de l'ennemi et que la ville se trouvait sans défense du côté du fleuve.

L'*Antonia* revint cependant, le 2 janvier 1866, devant Bagdad, et comme la barre était impraticable, le capitaine de la Bédollière dut prendre un *lighter* (allége) pour le conduire le lendemain à bord de la *Tisiphone*. A peine avait-il mis le pied sur la frégate que le *Norte* se leva, très violent, et empêcha toute communication avec la terre.

Ce fut seulement dans la journée du 5 janvier que le lighter put repartir pour franchir la barre et chercher à bord de l'*Antonia* les matelots français. Mais, en approchant de la côte, un homme qui se cachait à terre lui cria : Cortina occupe Bagdad, allez-vous en promptement ! »

Dans la nuit précédente, des bandes de soldats nègres portant le nom de Cortina sur leurs chapeaux (mais ayant l'uniforme américain), avaient traversé le Rio-Bravo et envahi la petite ville de Bagdad avec des officiers à leur tête. Les postes mexicains, surpris dans leur sommeil, avaient été conduits à Clarksville (au Texas), et incorporés dans la troupe juariste ; ils étaient probablement dans le complot.

L'*Antonia*, à bord de laquelle se trouvaient 28 matelots français et 50 autrichiens, était mouillée près de la ville lorsque commença l'invasion des nègres ; elle fut attaquée et reçut plusieurs obus, mais le bâtiment put heureusement s'éloigner et remonter le fleuve vers Matamoros.

Dès le retour du lighter à bord de la *Tisiphone*, le commandant Collet fit armer en guerre ses embarcations qui, bientôt, ouvrirent le feu sur les batteries et les démontèrent, mais pendant ce temps la ville continuait à être pillée et pendant plusieurs jours ce fut, entre Bagdad et Clarksville, une allée et venue continuelle pour transporter le butin sur la rive américaine. Les pillards emportèrent tout ce qu'ils purent, jusqu'à des maisons de bois qu'ils démontèrent.

Sous le prétexte de maintenir l'ordre et de veiller aux propriétés de ses nationaux, le général Wetzel expédia de suite un premier détachement de cent cinquante nègres qui ne put résister à la tentation et se mit à piller lui-même, puis une seconde troupe sous les ordres du colonel White, qui établit garnison dans la ville.

Aussitôt que la nouvelle de la prise et du sac de Bagdad parvint à Matamoros, le colonel autrichien Kodolick s'offrit à Méjia pour aller demander des explications au général Wetzel. Ce dernier accueillit très courtoisement le colonel et déclara qu'il n'avait occupé Bagdad que sur la demande formelle *écrite* des généraux dissidents, Escobedo et Cortina, qui, ne se sentant pas assez forts pour protéger les personnes et les propriétés, avaient demandé son appui.

« Mais, ajoutait le général, mes troupes ne sont à Bagdad que pour y maintenir l'ordre et je suis prêt à remettre immédiatement la ville à une troupe régulière impériale, serait elle, même, de vingt-cinq hommes. Je m'y engage sur l'honneur. »

Le colonel Kodolick partit donc immédiatement avec un

petit corps, formé d'Autrichiens et de marins français de l'*Antonia*, et reprit possession de la ville au nom de l'Empereur, le 25 avril 1866.

Le gouvernement des États-Unis s'efforça, du reste, de prévenir le retour de pareilles scènes; il remplaça le général Wetzel, restitua les canons, fit rechercher et emprisonner le général Crawford, les officiers et les soldats qui avaient participé à l'affaire de Bagdad.

* * *

Pour terminer, de ce côté, l'histoire de la frontière, disons rapidement les dernières phrases de la lutte sur le Rio-Grande.

Le 26 avril, le général Méjia fait sortir de Matamoros, à la rencontre de Cortina, une colonne de trois cent cinquante fantassins et trois cents cavaliers sous les ordres du général Olvera. Celui-ci disperse complètement la cavalerie dissidente dans les bois de Palito-Blanco, lui tuant vingt hommes, faisant cinquante prisonniers et lui culbutant tout son matériel de guerre ainsi que les papiers et les bagages de Cortina.

Le 30 avril, la colonne, continuant ses succès, culbute le gros des forces ennemies à Daramadero, tue cinquante hommes, fait cent vingt prisonniers et prend plusieurs pièces rayées. En même temps, le général en chef Escobedo se dérobe devant le mouvement du général Douay qui s'avance dans l'intérieur.

Mais cette heureuse sortie allait avoir bientôt son contre-coup.

Le 21 juin 1866, le paquebot *Sonora* arrivait à Sacrificios et apportait au commandant Cloué des nouvelles extrêmement graves du Rio-Grande.

La position de Méjia était tout à fait compromise et dès le 17, les troupes de Bagdad avaient dû abandonner leur position et se replier sur Matamoros pour en augmenter la garnison.

Le commandant Cloué se hâta d'expédier l'*Adonis* qui

arriva pour apprendre que le général Méjia avait évacué la ville. Cerné par un ennemi très nombreux, et n'ayant pas suffisamment de troupes pour garder les abords de Matamoros, il avait confié une partie de la défense à la garde nationale qui abandonna son poste. Le soir même arrivait une sommation du général La Garza, commandant des libéraux, qui promettait par écrit de laisser la garnison se retirer et de respecter les habitants.

Une députation du commerce de Matamoros vint supplier le général d'accepter les conditions qui lui étaient faites et d'éviter ainsi les horreurs du pillage.

Méjia, influencé par la désertion de la garde nationale, se décida donc à quitter Matamoros le 23 juin et embarqua sur l'*Adonis* avec quatre cent vingt soldats, le reste de ses troupes (200 hommes) se rendit à Vera-Cruz sur deux petits vapeurs de commerce.

* * *

Nous avions perdu énormément de terrain pendant les derniers mois de l'année 1865. La politique du maréchal qui consistait à éblouir la France, à la fasciner par le récit de ses conquêtes lointaines et à livrer ensuite nos adhérents à la vengeance des Chinacos, produisait les funestes effets que l'on devait attendre.

Au commencement de l'année 1866 nous étions encore redoutés mais nous n'inspirions plus la moindre confiance, et ce qui était encore plus grave, c'est que nos partisans préparaient, tous, leur évolution pour se réserver l'avenir.

« On ne peut, écrivait-on au commandant Cloué de Mexico, voir sans douleur le spectacle désolant de la désorganisation profonde qui nous environne. Et cependant, si au lieu du mensonge et du plus impudent des charlatanismes qui président aux destinées de ce pays, il y avait place au conseil pour les gens honnêtes et loyaux, on pourrait encore espérer le salut ; mais au train dont nous allons la maladie sera incurable dans moins de six mois. »

Cette année 1866 va se montrer des plus néfastes pour nos

armes et pour notre politique, nous ne relaterons que les faits importants de cette triste période en ce qui regarde la division navale, c'est-à-dire les pertes successives de Tampico, Tlacotalpam, Tuxpam, Carmen et Vera-Cruz.

## TAMPICO

Dès le 30 janvier 1866, Tampico est menacé par les libéraux qui, sous les ordres de Mendez viennent d'attaquer, avec un succès complet, la position de Tancasnequi, et d'incendier les magasins de l'armée ; — le commandant Cloué se hâte d'expédier la canonnière la *Pique* avec des armes et des munitions pour protéger la ville, Pendant tout le mois de février, la place reste dans une situation précaire et de plus en plus harcelée par l'ennemi ; aussi, le 2 mars, le chef de la division navale fait-il embarquer d'urgence sur la *Tisiphone* soixante-dix hommes de la Contre-Guérilla de la Soledad et les envoie-t-il renforcer la garnison.

Mais cette petite colonne trouve, à son arrivée, le général Lamadryd, sur lequel on ne comptait plus, qui était entré dans la ville avec deux cents hommes et deux pièces de canon, Tampico se trouve donc pendant quelque temps hors de danger.

Le 8 juin, à 11 heures du soir, trente cavaliers ennemis sautent par-dessus les fortifications, sans qu'un seul « Qui vive » ait donné l'éveil. Après avoir dispersé facilement un poste de trente *Cargadores*[1] qui gardaient l'entrée de la ville, ils se rendent à la caserne des troupes du général Lamadryd où ils déchargent leurs armes, tuent un officier et trois soldats et opèrent tranquillement leur retraite. Cette aventureuse promenade montre quelle confiance on pouvait

1. On appelait ainsi une corporation privilégiée de portefaix indiens, vigoureux gaillards employés à charger les cargaisons sur les quais, Intéressés par leur salaire à la continuation du travail, ils s'étaient constitués en milices pour aider à la défense de la ville.

avoir dans la garnison mexicaine. D'ailleurs, le général Lamadryd était devenu suspect et préparait, disait-on, son passage dans le camp des libéraux.

Le commandant Cloué se hâte d'envoyer le *Brandon* devant la ville.

Le 21 juin, le même paquebot *Sonora*, qui apportait de si fâcheuses nouvelles du Rio-Grande, donne également les pénibles renseignements sur la situation de Tampico. Le capitaine du *Brandon*, écrit que l'ennemi occupe tous les alentours de la ville, sans en excepter le bord de la rivière ; pour ajouter à la défense, il a mis seize hommes et un canon à bord du petit vapeur de commerce *Mosquito*. Le chef de la division navale expédie de suite la canonnière *Diligente* (commandant Ravault), et demande le remplacement immédiat du général Lamadryd. Ces dispositions retardent un mois encore le fatal évènement : mais le Huasteca continue à se soulever et les munitions manquent partout aux impérialistes.

Enfin, le 1er août, le commandant Cloué apprend que Tampico est pris par les dissidents au nombre de deux mille ; ils avaient profité de l'absence du *Brandon* pour envahir pendant la nuit le fort d'Iturbide, livré par la partie mexicaine de la garnison ; et dès le matin, ils s'étaient répandus dans toute la ville sans faire de bruit, de sorte que c'est à peine si la contre-guérilla et quelques hommes fidèles, sous les ordres du lieutenant Langlois, avaient eu le temps de se renfermer dans le fort de l'Ouest, appelé Casamata, qui par une imprévoyance extraordinaire, était à peine approvisionné de vivres et de munitions.

Le petit vapeur *Mosquito*, qui avait rendu de très grands services tant que l'ennemi n'avait pas de canon, reçut dès le matin le feu du fort Iturbide et fut traversé en entier par un boulet de 24 qui passa à quelques centimètres seulement des manivelles de la machine.

Il appareilla aussitôt et partit pour Vera-Cruz prévenir le

Rade de Saint-Pierre (vue prise du bord).

Sydney, île du cap Breton.
(Croquis trouvés dans les albums de l'Amiral Cloué.)

Page 145.

commandant Cloué qui télégraphia au maréchal Bazaine la situation.

« Faites votre possible pour sauver la garnison, lui fût-il ordonné : j'écris à Orizaba de mettre à votre disposition deux cents hommes d'infanterie, si vous jugez nécessaire pour sauver Tampico. »

Le commandant Cloué répondit : « C'est trop peu de monde et c'est trop tard ; les bâtiments que j'ai désignés vont partir.

« Cent hommes, il y a huit jours, pouvaient sauver Tampico.

« Les renforts que vous envoyez aujourd'hui seront 200 hommes sacrifiés. Il faut 1000 hommes pour reprendre cette position ou bien il ne faut pas s'en mêler ! »

Et il partit le 5 août avec l'*Adonis*, la *Tactique*, la *Diligento* et le *Mosquito* pour tâcher de sauver la garnison française et tous ceux qui s'étaient compromis pour nous.

Or voici ce qui se passait à Casamata. Le premier jour, le général ennemi avait sommé la petite garnison de se rendre, il promettait la vie sauve ; le lieutenant Langlois refusa.

— Le troisième jour, les travaux d'approche de l'ennemi cernent la caserne et le fort ; — ses barricades armées de canons sont très rapprochées.

— Le quatrième jour, les dissidents font une nouvelle sommation offrant à la garnison de la laisser sortir avec les honneurs de la guerre et de la laisser partir pour Vera-Cruz ; — le lieutenant Langlois refuse de nouveau.

Les choses étaient en cet état quand les canonnières suivant l'*Adonis*, arrivèrent devant la barre où l'ennemi avait coulé deux navires.

Bien que le chenal fut devenu très étroit, les canonnières pénètrent, le 7 au matin, dans le fleuve et commencent le bombardement du fort Iturbide dont le feu cesse promptement. — Continuant alors leur route, beaupré sur poupe, elles sont reçues un peu plus loin par les pièces de batteries de ville et les canons Sud du Fort qui n'avaient pas encore eu l'occasion de tirer ; mais l'effet des projectiles français engage bientôt l'ennemi au silence.

Comme la ville de Tampico était bâtie en amphithéâtre il était impossible d'apercevoir le fort de Casamata et partant, de communiquer de loin avec lui.

Les bâtiments hissèrent donc le pavillon blanc et presque aussitôt le général dissident Pavon, expédia son aide de camp à bord de la *Diligente*.

Sur la parole d'honneur des Mexicains, le lieutenant de vaisseau Revault, Capitaine de cette canonnière, et Commandant l'Expédition, se fit conduire seul et sans arme à la caserne de l'Octavo où était M. Langlois, et parvint à convaincre cet officier qui, malgré sa position désespérée, ne voulait pas entendre parler de se rendre.

Il fut alors arrêté que nos troupes sortiraient avec les honneurs de la guerre et emporteraient avec elles leurs canons qui cependant étaient mexicains.

Pour rendre les honneurs aux soldats de M. Langlois, les troupes dissidentes au nombre de 2500 hommes se rangèrent en ligne sur tout le parcours et conservèrent le plus grand ordre.

Quant au général Pavon, il fut dans cette affaire d'une courtoisie parfaite ; il avait pris les précautions les plus minutieuses pour prévenir tout conflit, et menacé ses troupes de faire fusiller — même celui dont le fusil partirait par inadvertance.

Lorsque les navires eurent repassé la barre, le *Magellan* qui venait d'arriver, prit à son bord les débris de la garnison pour les repatrier à Sacrificios, et le Commandant Cloué put expédier de suite la *Tactique* et et le *Mosquito* à Tuxpam, qu'il s'attendait à voir attaquer d'un moment à l'autre.

## TLACOTALPAM

L'expédition de *Tlacotalpam* suivit de près la chute de Tampico.

Dès le 4 mars 1866, le maréchal Bazaine, désirant occuper le golfe, avait donné la direction générale de l'attaque au Commandant Cloué. — Ce dernier avait répondu que l'expédition ne présentait rien de compliqué, mais que si Tlacotalpam était facile à prendre, il était pour ainsi dire impossible à défendre à cause des nombreuses hauteurs voisines, et d'un fourré impénétrable qui l'entourait.

« Il arrivera par suite, M. le Maréchal, ajoutait-il, que très prochainement, si vous ne voulez pas disposer d'une garnison sérieuse, nous serons obligés d'évacuer la ville. Je décline donc toute responsabilité. »

Le maréchal modifia un peu son dessein et arrêta une expédition mixte. — Une colonne composée de 200 Egyptiens, 100 tirailleurs algériens, et la troupe du chef mexicain Figuero (300 hommes), se dirigerait par la voie de terre sous les ordres du Capitaine Testard en passant par Omealca et Casomoloapam ; — et le Commandant Cloué, avec quelques canonnières, combinerait son mouvement pour arriver en rivière, en même temps que la colonne de terre entrerait à Casomoloapam.

Le 24 mars, le chef de la Division arrive sur la barre avec la *Tempête*, la *Pique*, la *Tactique*, la *Diligente* et la chaloupe à vapeur *Augustine*; il essuie en passant le feu du fort Conéjo et se présente devant Tlacotalpam où la garnison ennemie se contente de décharger ses armes en se retirant avec précipitation.

La plus grande partie des habitants s'était réfugiée dans l'intérieur.

Quant à la colonne Testard, elle n'arrive que le 27.

Le premier soin du Commandant Cloué fut d'abattre sur un espace de deux cents mètres en profondeur, le bois taillis qui entourait la ville; mais c'était un travail considérable, car Tlacotalpam ne mesure pas moins de douze kilomètres de longueur.

Puis il envoie la *Tactique* la *Pique* et la chaloupe à vapeur porter au pied de Conejo, la compagnie de débarquement qui en moins de vingt-cinq minutes se rend maitresse de la position.

Une première attaque contre la ville a lieu le 15 mai, — la garnison fait bonne contenance et force l'ennemi à battre en retraite ; — Les troupes mexicaines montrent tant d'ardeur au combat qu'elles hissent sur les remparts un pavillon avec cette devise :

« Nous ne voulons pas de quartier ! nous ne ferons pas de quartier ! »

Malheureusement Bazaine donne l'ordre de transporter la colonne Testard à Vera-Cruz et de laisser la garde de la ville aux troupes mexicaines sous les ordres du colonel Camacho. Les prévisions du Commandant Cloué commencent aussitôt à se manifester ; — le jour même du départ des Français, les habitants désolés et exaspérés évacuent la ville ; — toutes les routes par terre et par mer sont interceptées par l'ennemi ; il ne vient plus rien à Tlacotalpam et les vivres sont à des prix exhorbitants.

Cinq jours plus tard, l'ennemi campe dans le bois et tire des coups de fusil, harcelant chaque nuit la garnison, la tenant sur pied et l'épuisant par la fatigue.

Malgré les pressantes demandes du Chef de la division navale, les troupes mexicaines sont dans le même dénuement qu'à l'arrivée ; c'est à croire que l'autorité civile de Vera-Cruz est de connivence avec Garcia et les dissidents. Le rapport du Commandant Cloué en date du 15 juin, nous fait connaître la situation de la ville :

« Les troupes dissidentes occupent toutes les hauteurs qui dominent le cours de la rivière ; elles s'y fortifient avec des abris en terre et ont un tir d'une grande justesse. Malgré le blindage complet en plaques de tôle, installé au-dessus des parois de chaque canonnière, la *Piqu?* a eu dernièrement trois hommes tués et la *Diligente* quatre.

« J'ai déjà signalé à Vera-Cruz, que le feu de l'artillerie du Miadero et du Conejo, repris depuis longtemps par l'ennemi, avait atteint par suite de l'habitude une telle précision qu'il était imprudent désormais de faire remonter une canonnière toute seule, la moindre avarie pouvant la compromettre sérieusement sous le feu de l'ennemi. Or les pièces des dissidents sont placées de telle sorte qu'il est excessivement difficile de les battre ; on reçoit le projectile après avoir vu la fumée, mais on n'aperçoit aucun but à viser.

« Nous nous trouvons donc, Monsieur le maréchal, ainsi que je vous l'ai annoncé avant l'expédition, moins avancé qu'au point de départ ; j'ai trois canonnières engagées devant une ville déserte. Deux heures après le départ de mes navires, Tlacotalpam serait certainement occupée. »

Lorsque parvient la nouvelle de l'évacuation de Matamoros (23 juin), les défenseurs de la ville, terrifiés et comprenant qu'on ne les défendrait plus quand même, commencent à entretenir des relations amicales avec ceux des habitants connus pour être des agents de l'ennemi. — Le 28 juillet Alvarado est détruit par les dissidents, et le 13 août Tlacotalpam est de nouveau sérieusement attaqué par les forces de Garcia. Ce succès devait être le dernier pour nos partisans car le colonel Camacho était complètement découragé, il se plaignait d'être abandonné, sans vivres, sans munitions, sans instruments de chirurgie ; — il n'allait pas tarder à se prononcer pour Juarèz, c'était fatal.

Et cependant dans chacune de ses lettres le Commandant Cloué ne cessait de dévoiler la cruelle vérité.

« Depuis un mois, disait-il, je signale la situation de plus en plus déplorable de cette malheureuse garnison et Votre Excellence peut retrouver dans mes rapports que toute garnison laissée à Tlacotalpam dans l'hivernage est fatalement vouée à la mort.

« Aucue réponse ne m'est venue de Mexico. Si l'on m'avait chargé de prendre une décision, je l'aurais prise immédiatement et elle eut été catégorique, parce qu'il n'y a qu'une seule chose à faire : abandonner une ville qui, loin de nous servir, est une charge énorme. »

Enfin, le 18 août 1866, le Colonel Comacho après avoir conféré avec ses chefs de Corps réunis en conseil, se décida lui-même à évacuer Tlacotalpam. Une suspension d'armes fût arrêtée avec le général Garcia et les troupes descendirent sans encombre, par les canonnières, pour s'établir à Alvarado.

## § III. — ÉVACUATION DU MEXIQUE.

Situation générale au commencement de l'année 1866. — Napoléon décide l'évacuation des troupes. — Départ de l'Impératrice Charlotte pour la France. — Vera-Cruz est menacée par les dissidents. — Maximilien se rend à Orizaba avec l'intention de s'embarquer sur le *Dandolo,* et d'abdiquer. — Indécisions. — Arrivée de la frégate américaine *Susquehannah*. — L'Empereur remonte à la capitale. — Les juaristes s'emparent successivement de tous les points du littoral. — Evacuation des troupes alliées; leur embarquement sur les navires.

Cette année 1866 commence également l'histoire de la longue agonie de l'empire de Maximilien. Nous allons donner rapidement le triste récit de cette période.

Les rapports qui liaient la France au Mexique avaient été déterminés par la convention de *Miramar* (*10 avril 1864*). Il avait été stipulé que l'effectif des forces françaises, serait, à cette date, réduit au chiffre de 25.000 hommes et que ces forces évacueraient ensuite le pays au fur et à mesure de l'organisation des troupes indigènes destinées à les remplacer.

En revanche les frais de la guerre resteraient à la charge du Mexique, qui devait au 1er juillet 1864, régler la somme de 270 millions de francs pour les comptes antérieurs et, à partir de cette époque, payer 1.000 francs par homme et par an pour l'entretien des troupes françaises.

Mais aucune de ces clauses n'avait été tenue et plusieurs fois même le maréchal Bazaine avait dû venir en aide au gouvernement impérial par des avances d'argent.

La convention de Miramar pouvait donc être considérée

comme ayant vécu, et la France ne devait se croire nullement liée par un contrat dont la partie adverse ne remplissait pas les termes.

Aussi, Napoléon III, éclairé depuis quelque temps sur la situation réelle du Mexique, voulut-il mettre fin à des sacrifices inutiles d'hommes ou d'argent et, après avoir manifesté ses intentions très nettes à Maximilien, il publia, dans le *Moniteur Officiel* du 5 avril, une note arrêtant l'évacuation du Mexique en trois détachements : le premier en novembre 1866, le deuxième en mars 1867, et le troisième en novembre de la même année.

Ce fut un coup de foudre pour le gouvernement de Mexico, et Maximilien fut atterré en recevant cette nouvelle — tant il reconnaissait que l'appui de la France lui était indispensable.

Lorsque l'Impératrice Charlotte sentit l'abîme qui s'ouvrait sous ses pieds, elle proposa de partir de suite pour Paris afin de voir elle-même Napoléon, et d'en obtenir qu'il n'abandonnât pas ce qu'il appelait « l'entreprise la plus glorieuse de son règne ».

Maximilien rédigea de sa main un long mémoire destiné à toucher l'empereur des Français, et Charlotte quitta Mexico le 9 juillet 1866.

Arrivée le 15 juillet vers deux heures à Vera-Cruz, l'Impératrice se dirigeait vers le môle pour s'embarquer, lorsqu'elle s'arrêta brusquement et revenant en arrière, pénétra dans le bureau français de la Direction du port, où elle fit appeler le général Marin, Préfet Maritime mexicain. — Sa Majesté refusait absolument le canot préparé à son intention et qui portait : en poupe les couleurs françaises et en proue le pavillon impérial ; — elle ne voulait quitter son pays qu'en souveraine, sur un bâtiment entièrement mexicain. Or la veille, le Commandant Peyron [1], Capitaine de frégate, Directeur du Port, avait bien prévu les événements quand il demandait aux autorités mexicaines :

1. Plus tard Amiral, Sénateur, Ministre de la marine.

— Avez-vous un canot ? — Nous n'en avons aucun. — Je vous prêterai notre grand canot, celui qui a déjà servi en pareille occasion. — Mais nous n'avons pas d'hommes à mettre dedans.

— J'y mettrai alors notre armement ordinaire ; mais avec nos hommes il doit porter le pavillon français derrière, et nous mettrons le pavillon mexicain devant seulement !

Tout fut ainsi convenu et ainsi exécuté.

Le général Marin sortit très pâle et très ému du bureau et vint dire au Commandant Cloué les difficultés qui se présentaient. — « Mais, lui répondit ce dernier, vous aviez été prévenu hier, je vais aller expliquer à sa Majesté..... — Oh ! non ! je vous en supplie, je vais trouver des hommes. — J'entends toutefois qu'il soit établi que je ne suis pour rien dans ce retard ; les hommes que vous allez trouver maintenant, vous avez refusé de les trouver hier. — Je vous en prie, ne parlez pas à Sa Majesté, je vais chercher du monde. »

Le Commandant Cloué n'attendit naturellement point que l'on eut recruté et habillé un armement de canot, il donna l'ordre de remplacer le pavillon français par le pavillon mexicain et Sa Majesté s'embarqua de suite.

La foule était compacte, les marins formaient la haie et partout régnait le silence le plus profond. Sauf un orchestre épouvantable qui semblait plutôt ordonné pour un charivari, il ne se fit pas entendre une seule acclamation, et ce fut à peine si quelques chapeaux se soulevèrent.

Lorsque le canot poussa du quai, une voix essaya timidement de crier « Viva » mais personne *absolument* n'y répondit. — Sa Majesté paraissait douloureusement impressionnée, et pendant le trajet jusqu'à bord, le canon du *Magellan* et les cris réglementaires de « Vive l'Empereur » poussés par l'équipage de la *Pique*, mouillée près de Saint-Jean d'Alloa, réussirent à peine à la distraire un moment.

Après un séjour d'un quart d'heure sur le paquebot, l'Impératrice congédia le Commandant Cloué en lui annonçant son retour dans trois mois.

* * *

L'attitude de la population révélait nettement les opinions de Vera-Cruz. — A partir de cette époque la situation devient de plus en plus mauvaise dans la ville comme nous le voyons dans la lettre du Commandant Cloué au maréchal, datée du 31 juillet :

« Je vois avec un vif regret la quiétude dans laquelle reste Votre Eminence au sujet de Vera-Cruz.

« La ville est entourée d'ennemis, et n'a pour garnison qu'une poignée d'hommes ; la marine ne peut pas la protéger contre un coup de main, car elle n'a pas de troupes, et en ce moment tous les navires ont le quart de leurs équipages malade.

« Pour que Vera-Cruz n'ait pas encore été enlevée, il faut que nous ayons à faire à un ennemi bien peu entreprenant. — Que pourraient ensuite faire le canon du fort et ceux des bâtiments ? Votre Eminence ne pense certainement pas à ordonner le bombardement de la ville et à prendre la responsabilité d'une exécution aussi grave, au moment où tout le monde civilisé proteste contre le bombardement de Valparaiso par l'escadre espagnole. Je vous demande instamment dans Vera-Cruz, base des opérations de toute l'armée, une garnison sérieuse. »

Chaque jour amenait des faits nouveaux. Le 21 août, les deux cents bœufs de provision, rassemblés dans un coral, non loin de la promenade de la ville, étaient enlevés, et Vera-Cruz se trouva pendant plusieurs jours sans un morceau de viande.

Le 1er septembre, un convoi d'argent destiné à Orizaba était pris à une lieue de la ville. Personne sans danger ne pouvait s'écarter à une portée de fusil des fortifications, et il était urgent d'organiser des colonnes mobiles pour purger le pays des bandes qui l'exploitaient.

Le maréchal, pressé de plus en plus, voulut bien accorder

100 hommes du bataillon égyptien. « C'est tout ce que je puis faire pour Vera-Cruz, ou je ne me soucie pas d'exposer mes troupes dans cette saison, à l'influence d'un climat meurtrier. »

« Cela s'appelle être franc, s'exclama gaiement le Commandant Cloué, je crois vraiment qu'ils oublient un peu à Mexico, que nous sommes hommes, comme ils le sont ; » et il cessa pendant quelques mois de se plaindre.

Cependant, le 15 octobre 1866, le Commandant Peyron, se montrait de plus en plus inquiet de la situation, et annonçait au chef de la division, qu'en enlevant les indisponibles et les malades, il n'avait en tout que 90 hommes, dispersés dans une dizaine de postes, pour la défense de la ville.

Cela parut si grave au chef de la division navale, qu'au risque de déplaire au maréchal Bazaine, il lui écrivit encore :

« Je suis profondément attristé, M. le Maréchal, de n'avoir pas réussi jusqu'à ce jour à faire entrer dans l'esprit de Votre Excellence la conviction que j'ai du danger imminent auquel cette ville est exposée ; — conviction qui est partagée ici par tout le monde, sans aucune exception.

« S'il arrive un malheur nous serons là ; mais Votre Excellence me rendra cette justice, que j'ai plaidé trop souvent la cause que je plaide encore en ce moment, pour n'avoir pas droit à être déchargé de toute responsabilité eu égard aux malheurs que je prévois. »

Enfin, le 25 octobre, Bazaine se décidait à faire descendre sur Vera-Cruz plusieurs compagnies de tirailleurs algériens, et la ville n'avait plus, pour le moment, rien à craindre.

* * *

Nous ne voulons pas ici raconter tous les événements politiques de la guerre du Mexique, mais il nous est impossible de passer sous silence, l'un des plus importants de cette dernière année 1866, qui eut un grand poids sur la question mexicaine.

L'Impératrice Charlotte n'avait pu réussir à vaincre la résistance de Napoléon, — qui, fatigué de cette guerre lontaine, resta sourd à toutes les prières et maintint son ordre de rapatrier au plus tard, le corps expéditionnaire, au printemps de 1867 ; — il écrivait à Bazaine le 29 août, après son entrevue avec l'Impératrice du Mexique:

« J'ai déclaré franchement, qu'il m'était impossible de donner au Mexique un écu ou un homme de plus. La question se résume donc ainsi : Ou l'empereur Maximilien pourra se maintenir avec ses propres forces, où s'il ne le peut pas, qu'il abdique, et nos troupes s'embarqueront de suite pour revenir en France. »

Puis, voulant éclaircir tout ce qui lui paraissait encore si obscur dans cette question mexicaine, il expédiait, le 16 octobre, son aide de camp, le général de brigade Castelneau avec les pouvoirs les plus étendus, y compris celui de retirer au maréchal Bazaine son commandement s'il le jugeait nécessaire.

Cette situation était des plus fausses et pouvait amener des froissements, le général Castelneau eut le bon esprit de la rendre facile par sa modération et son bon esprit.

L'objet apparent de la mission, était le rapatriement de l'armée, mais le général devait en outre chercher à convaincre Maximilien de la nécessité d'abdiquer et obtenir ce résultat par les moyens qu'il jugerait les meilleurs.

L'empereur du Mexique s'était réjoui d'abord à la nouvelle de l'envoi du général Castelneau qu'il attribuait au succès de la mission de l'Impératrice, mais il éprouva une très vive déception lorsqu'il connut la vérité.

Quitter le trône était cependant le seul parti raisonnable à prendre pour mettre fin à une situation désespérée qui ne faisait que s'embrouiller davantage de jour en jour.

Le 27 octobre, Maximilien apprend, par le télégraphe, la folie de l'Impératrice Charlotte, il est frappé de ce nouveau malheur et envoie, le 20 octobre, un courrier de Chapultepec au maréchal, pour lui dire :

« Le terrible malheur que m'ont annoncé les dernières nouvelles, a augmenté le mauvais état de ma santé, ce qui, d'après les avis des médecins, rend nécessaire pour moi le séjour momentané d'un climat plus sain.

« J'ai l'intention de me transporter à Orizaba, — je serai là en même temps plus près des courriers extraordinaires que l'on m'annonce de Miramar et que j'attends avec une anxiété facile à comprendre. »

Sans attendre de réponse, il quitte Chapultepec le 21 octobre et se met en route pour la côte ; il rencontre en chemin à Ayotha, l'envoyé de Napoléon III qu'il refuse de recevoir sous prétexte qu'il est trop malade.

Dès son arrivée à Orizaba, où il n'a qu'une faible suite, Maximilien donne au *Magellan* et au *Dandolo*[1] des ordres pour disposer les logements et annonce confidentiellement au Commandant Cloué, son intention de quitter le Mexique et d'abdiquer.

Le chef de la division navale prend aussitôt d'accord avec la maréchal Bazaine, des mesures pour se faire remettre l'argent et les papiers de la douane sur tout le littoral, afin d'atténuer les sommes que le gouvernement impérial restait devoir à la France.

Le 13 novembre, l'Empereur appelle par le télégraphe, le second de la frégate autrichienne et le charge de dire au Commandant Nauta, du *Dandolo*, de se tenir prêt à le recevoir, le 16, et surtout de ne lui rendre aucun honneur. Tous les bagages de Maximilien étaient déjà depuis 15 jours à bord des frégates ou dans les magasins de Vera-Cruz. Mais ce mois de novembre, allait être le mois des surprises et des indécisions.

Le Commandant Cloué, attendant un ordre formel, tenait ses navires prêts à partir sur la côte pour protéger nos nationaux, et chaque capitaine avait ses instructions cachetées en mains.

1. Frégate autrichienne.

Tous ces préparatifs devaient être inutiles, car la question du Mexique subissait en ce moment les alternatives les plus variées et il fallait s'attendre aux choses les plus imprévues.

Le 19 novembre, le commandant du *Dandolo* reçoit contre-ordre de Maximilien, qui le prie de transborder ses bagages sur le bâtiment de guerre anglais le *Royalist*, — sa Majesté devant prendre passage le 21 sur cette corvette pour se rendre à la Havanne.

« L'empereur, disait la lettre écrite par le padre Fisher, fait un grand sacrifice en ne s'embarquant pas sur le *Dandolo*, mais il laisse cette frégate à Vera-Cruz pour protéger les intérêts du corps auxiliaire autrichien. »

M. Nauta fort vexé, expédie de suite un télégramme à Orizaba pour protester solennellement contre l'insulte faite à son pays, en préférant un navire étranger à un navire autrichien, — et le 20 novembre, un télégramme d'Orizaba, lancé de nouveau par les soins du padre Fisher, lui répond : « Tout est remis à plus tard. Lettre suit ! »

Sur ces entrefaites, arrive à Vera-Cruz la frégate des Etats-Unis, *Susquehannah*, ayant à bord le général Sherman et le ministre plénipotentiaire Campbell, qui demandent à être reçus au Mexique comme amis, et à se rendre de suite à Orizaba, près de l'Empereur.

Or, depuis quelque jours, dix-huit conseillers d'Etat et tous les ministres avaient été appelés par Maximilien. Chacun pensait que c'était pour une abdication solennelle ; mais la presque certitude d'une cession de territoire, consentie par Juarez en faveur des Etats-Unis, l'annonce de l'arrivée de deux personnages importants, ayant mission du gouvernement de Washington, — arrivée qui allait coïncider avec le départ de l'Empereur, et précéder de très peu le départ de l'armée française, — tout cela réussit à jeter la population dans la plus vive anxiété et à faire modifier les idées du Conseil supérieur.

Les Mexicains se virent au pouvoir des Américains ; —

peut-être regrettèrent-ils alors sincérement d'avoir travaillé contre l'Empire ; — toujours est-il qu'il y eut une forte réaction dans un certain parti, qui réussit à détourner Maximilien de son dessein d'abdiquer. Quoiqu'il en soit, le 1er décembre 1866 au matin, une musique nombreuse et discordante, suivie d'une foule de gamins lançant des pétards, parcourut Vera-Cruz, conduite par un délégué de l'*Ayuntamiento*, qui de distance en distance, s'arrêtait pour lire au peuple la proclamation dans laquelle Maximilien s'engageait à rester au Mexique et à défendre l'indépendance de ce pays, jusqu'à la dernière goutte de son sang et *avec les seules ressources de la nation*.

La frégate américaine n'avait dès lors plus rien à faire, elle partit dans la nuit du 2 au 3, sans que MM. Sherman et Camppell fussent descendus à terre.

* * *

L'Empereur Maximilien ne tarda pas à reprendre la route de la Capitale ; — le 17 décembre, il était à Puebla où se passa la scène suivante, aussi incroyable qu'authentique.

Le général Castelneau et notre chargé d'affaires, M. Dano, convinrent de demander une audience qui leur fut accordée le samedi 22 [1].

L'un deux, parlant au nom des trois autorités, qui représentaient à Mexico l'intervention française, présenta une déclaration écrite, motivée, développée, portant les signatures Bazaine, Dano, Castelneau. Cette note reconnaissait qu'il était indispensable, dans la situation pleine de périls où se trouvaient nos nationaux et nos alliés, d'insister auprès de l'Empereur pour le décider à abdiquer.

Après avoir pris connaissance de la note, Maximilien, avec un très gracieux sourire leur répondit : « Messieurs, je ne

1. L'entrevue qui va suivre est prise dans une lettre particulière reçue par le Commandant Cloué.

pense pas que vous soyez aussi bien d'accord tous les trois que vous semblez le croire sur l'opportunité de mon abdication — car, dit-il en tirant une lettre de sa poche, voici une dépêche que j'ai reçue hier au soir du maréchal Bazaine ; — lisez-là, Messieurs, il m'exhorte à conserver le pouvoir et déclare qu'après mûre réflexion, il est convaincu que l'Empire est l'unique moyen de salut de nos intérêts et du pays.

« Il m'engage à armer promptement *Marquez* et *Miramon*, à pousser la guerre avec énergie, et me propose des armes et son appui. »

Ce coup de théâtre produisit son effet sur nos ambassadeurs ; le général déclara qu'il laissait au maréchal la responsabilité de la démarche ; — mais qu'il pouvait affirmer que lui, Castelneau, investi de la mission de faire rentrer l'armée en mars, accomplirait sa tâche sans modification.

Il n'est pas besoin d'expliquer l'indignation des ambassadeurs contre Bazaine ; — on sut plus tard que ce revirement du maréchal était dû à l'influence de sa femme et de la famille Pênas.

La maréchale éprouvait la plus vive répugnance à quitter le Mexique ; — Devenue depuis le départ de l'Impératrice la femme la plus en vue de Mexico, elle était très sensible aux honneurs que sa haute situation lui valait et passait pour désirer en jouir le plus longtemps possible.

Tous ces événements modifiaient grandement notre action qui se trouvait dès lors séparée de celle du gouvernement mexicain ; aussi le Commandant Cloué rappela-t-il successivement la *Tourmente* d'Alvarado et le *Tartare* qui gardait Carmen et Campêche.

Ces trois points, étaient à peu près les seuls de la côte qui fussent encore aux mains des Impériaux ; — mais dès que la garnison d'Alvarado sut que la *Tourmente* ne devait plus revenir, elle se prononça pour Juarez et monta dans la rivière Papamapalo.

En même temps Pablo Garcia, l'ancien gouverneur libéral du Yucatan prenait possession de Champotan, le 25 décembre, et marchait sur Campêche. La veille il avait rencontré une troupe impériale sous les ordres du colonel Traconis avec laquelle il avait échangé quelques coups de canon hors de portée, et chacun avait continué sa route.

On se décidait enfin à l'entreprendre cette expédition du Tabasco, tant demandée jadis par le Commandant Cloué ; mais dans quelles conditions ?

D'un côté on voit une force Impériale qui part de Campêche pour aller à la conquête de Tabasco, tandis qu'une force libérale provenant du Tabasco vient de s'emparer de Champotan et menace sérieusement Campêche ! Et ces deux forces se croisent et évitent un engagement !

Il ne restait guère plus de 200 hommes en garnison dans le Yutacan ! — et Campêche allait être la proie de Garcia quand Traconis, après avoir fait une promenade militaire de peu d'étendue, revint heureusement à temps dans la ville.

* * *

L'heure de l'évacuation avait sonné.

Le transport le *Rhône*, partit le premier le 23 janvier 1867, avec 730 Belges et 300 militaires isolés, pour se rendre directement à Brest et de là faire route pour Anvers.

D'après les états envoyés du quartier général, il y avait à embarquer 28.547 hommes (dont 5.200 étaient des Austro-Belges et 800 malades) et 1.500 chevaux ou mulets ; — c'était, comme on le voit, une longue et difficile opération.

Le Commandant Cloué signala de suite l'impossibilité de rapatrier le trop grand nombre d'animaux ; — faute de stalles on ne pouvait embarquer plus de 12 chevaux sur chaque transport, et plus de 210 chevaux sur l'*Intrépide*.

De plus l'on ne pourrait suffire à la provision d'eau nécessaire pour leur alimentation.

Le Ministre de la Guerre répondant à cette dernière observation avait écrit de France : « Quant à la difficulté d'approvisionnement d'eau pour abreuver les chevaux pendant la

Terre-Neuve (côté Est). — En tournée d'inspection. (D'après un croquis trouvé dans les albums de l'Amiral Cloué.)

1. *Cap d'Oignon.*
2. *Baie du Sacre.*
3. *Baie de Saint-Mein.*
4. *Cap des Epées.*
5. *Hâvre Saint-Antoine.*
6. *Hâvre de la Crémaillière.*
7. *Hâvre des Petites Oies.*
8. *Baie aux Lièvres.*
9. *La Source.*
10. *Hâvre de la Tête-de-Mort.*
11. *Le Capucin.*
12. *Baie du Croc.*
13. *Cap Vent.*

Page 161.

traversée, elle a fort bien été surmontée pour l'aller, ce qui me donne naturellement à penser qu'elle peut l'être aussi pour le retour. »

Or il y avait en venant au Mexique, la relâche naturelle de la Martinique, qui ne se présentait plus dans le voyage de retour en France où il fallait aller directement pour utiliser la brise.

Il est difficile de faire comprendre aux personnes étrangères à la marine que, pour un bâtiment à voiles ou à vapeur qui n'a pas une grande puissance de machine, ce voyage de Vera-Cruz à la Martinique est presque aussi long que celui du Mexique en France; et que si les Antilles françaises sont sur la route du Mexique lorsque l'on vient d'Europe, elles en sont fort éloignées du trajet de retour.

A partir du milieu de janvier 1867, le mouvement général de retraite s'accusa de plus en plus tous les jours; et cela pour deux causes bien différentes :

D'abord le général Castelneau restait à la Capitale et ne voulait quitter Mexico qu'avec le maréchal.

Chargé directement par Napoléon III de l'évacuation, il avait résolu de ne partir que le dernier et il pressait de toute son activité, la marche de nos troupes vers le littoral. Cette précaution n'était point mauvaise, car Bazaine, dans son désir de rester quand même, aurait pu faire manquer l'embarquement en mars. — Triste position d'un Commandant en Chef, qui ne pouvait être tolérée que par un homme à la conscience troublée !

La deuxième raison, qui contribuait à accélérer la retraite, c'était que Bazaine venait de régler toutes ses affaires au mieux de ses intérêts, et n'avait plus de raison de différer son départ.

« Je ne suis pas fâché, écrivait le 26 janvier au Commandant Cloué, un général de ses amis présent à Puebla, de voir rester jusqu'au bout le général Castelneau afin qu'il sache bien comment se réalise la fortune du maréchal et qu'il y ait un témoin irrécusable de ce scandale inouï.

« Le désastre de la France, se liquide de la façon suivante au bénéfice de Son Excellence le maréchal Bazaine : d'abord le palais de Bon-Vista est acheté 150.000 piastres par un Américain ; — le mobilier est vendu en bloc 90.000 francs ; — puis le loyer a été payé par l'Etat jusqu'au 31 décembre, ce qui a produit un tel vide dans la caisse des logements que dans ce même mois elle a fait banqueroute pour les officiers, qui sont on ne peut plus désagréablement surpris et qui crient sans retenue « *au voleur* ».

« C'est très mal de leur part, et je n'approuve pas du tout les récriminations publiques qui font croire aux Mexicains que nos maréchaux de France n'ont pas plus de moralité que leurs célèbres Cortina et Carbajol. Il faut se taire et laver son linge sale en famille.

« Voyez comme il est agréable d'être condamné à entendre, sans pouvoir donner un démenti, des choses aussi sanglantes que celles que me disait l'autre jour un Anglais, homme du monde et bien élevé cependant, avec lequel je causais : Lui ayant demandé des nouvelles de Mexico, il me répondit. — Mais on annonce que votre départ est certain cette fois, car le maréchal Bazaine a réalisé son palais, et par conséquent les Français n'ont plus rien à réclamer au Mexique. »

Pour ramener en France le corps expéditionnaire, on envoya, sous la protection de l'escadre cuirassée, 30 transports et 7 paquebots de la compagnie transatlantique. Dès son arrivée, l'Amiral de la Roncière comprit que le Commandant Cloué était l'organisateur indiqué pour l'évacuation ; il le laissa donc agir suivant ses idées et en moins de quatre semaines tout fut terminé.

Le maréchal Bazaine quitta Mexico le 4 février, avec la brigade légère et jusqu'à Vera-Cruz, la marche rétrograde s'accomplit sans tirer un coup de fusil.

Au 1er mars, la plus grande partie des troupes était déjà embarquée, et la portion restante du corps expéditionnaire, 8600 hommes, se trouvait rassemblée entre Vera-Cruz et

Paso del Macho. On évacua successivement ce dernier point, puis la Soledad, la Purga, en opérant une retraite par échelon.

Pour ne pas agglomérer trop de monde à Vera-Cruz, où sévissait le Vomito Negro, chaque colonne, partant de la Soledad par le chemin de fer, arrivait le soir, campait pendant la nuit, et au jour commençait son embarquement qui était terminé avant 9 heures, moment de la plus forte chaleur. — Le soir, les bâtiments prenaient le large. — Ces opérations, dirigées à terre par le capitaine de frégate Peyron, se firent avec une remarquable rapidité et un ordre parfait.

Commencé le 16 février, l'embarquement fut terminé le 11 mars. Le tableau suivant, donne une idée du mouvement extraordinaire qui a régné à Vera-Cruz pendant les mois de février et mars.

Répartition des troupes :

18 décembre 1866, *Floride*, paquebot, 936 hommes.

18 janvier 1867, *Impératrice-Eugénie*, paquebot 774 hommes.

20 janvier, *Rhône*, transport, 1038 hommes. (Belges.)

14 février, *Nouveau-Monde*, paquebot, 750 hommes.

17 février, *Yonne*, transport, 671 hommes.

18 février, *Saône*, transport, 603 hommes.

18 février, *Nièvre*, transport, 1020 hommes.

19 février, *Drôme*, transport, 1153 hommes.

19 février, *Pomone*, frégate, 515 hommes. 1 cheval.

21 février, *Allier*, transport, 844 hommes. 6 chevaux et mulets. (Autrichiens.)

22 février, *Var*, transport, 1024 hommes. 12 chevaux et mulets. (Autrichiens.)

24 février, *Tampico*, paquebot, 1008 hommmes. 12 chevaux et mulets.

25 février, *Ardèche*, transport, 1229 hommes. 12 chevaux et mulets.

26 février, *Calvados*, frégate, 860 hommes. 12 chevaux et mulets.

27 février, *Aveyron*, transport, 1181 hommes. 12 chevaux et mulets.

27 février, *Tarn*, transport, 1196 hommes. 62 chevaux et mulets.

27 février, *Vera-Cruz*, paquebot, 753 hommes.

28 février, *Masséna*, vaisseau, 1150 hommes. 12 chevaux et mulets.

28 février, *Cher*, transport, 12 hommes. 12 chevaux et mulets. (Matériel d'artillerie.)

1<sup>er</sup> mars, *Eure*, transport, 1195 hommes. 10 chevaux et mulets.

2 mars, *Garonne*, transport, 513 hommes.

4 mars, *Ville-de-Bordeaux*, vaisseau, 1084 hommes. 2 chevaux et mulets.

4 mars, *Ville-de-Lyon*, vaisseau, 1076 hommes.

6 mars, *Fontenoy*, vaisseau, 1201 hommes.

8 mars, *Cérès*, transport, 959 hommes.

8 mars, *Mégère*, aviso, 6 hommes. (Nouvelle-Orléans).

9 mars, *La Duchay*, aviso, 22 hommes.

9 mars, *Charente*, transport, 23 hommes. Matériel d'artillerie.

10 mars, *Intrépide*, vaisseau, 1257 hommes. 210 chevaux et mulets.

11 mars, *Bayard*, vaisseau, 987 hommes.

11 mars, *Durance*, transport, 12 hommes. (Matériel).

12 mars, *Souverain*, vaisseau, 657 hommes.

12 mars, *Aube*, transport, 204 hommes.

12 mars, *Castiglione*, vaisseau, 1033 hommes.

12 mars, *Navarin*, vaisseau, 1174 hommes.

12 mars, *Seine*, transport, 365 hommes.

12 mars, *La Floride*, paquebot, 235 hommes.

12 mars, *La France*, paquebot, 35 hommes.

Total : 28,755 hommes, 351 chevaux et mulets.

Avant de quitter le Mexique, le maréchal Bazaine adressa au commandant Cloué l'ordre du jour suivant qui fut porté à la connaissance des équipages :

CORPS EXPÉDITIONNAIRE DU MEXIQUE.

*Cabinet du Maréchal Commandant en Chef,*

Vera-Cruz, le 2 mars 1867,

Mon Cher Commandant,

« Au moment de me séparer de vous et des bâtiments placés sous vos ordres, je tiens à vous exprimer, en peu de mots, combien j'ai été satisfait, depuis que j'ai l'honneur de commander le corps expéditionnaire du Mexique, des efforts constants, du zèle et du dévouement des officiers et des équipages de la station navale du golfe du Mexique.

« J'ai été plusieurs fois à même de récompenser les services de ceux qui m'ont été particulièrement signalés ; — aujourd'hui, pour la dernière fois, je fais usage des pouvoirs que Sa Majesté l'Empereur Napoléon m'avait conférés et je serais heureux de remettre, moi-même, à ceux qui les ont méritées, les distinctions pour lesquelles ils ont été proposés. »

« Officiers, sous-officiers et marins de la division navale du golfe du Mexique.

« Nous rentrons en France après quatre ans de luttes et d'efforts, dont le fruit, je l'espère, ne sera pas perdu. Pendant que vos camarades de terre parcouraient le sol du Mexique, vous exposiez sans cesse vos jours sur la côte, dans des expéditions et dans des stations *meurtrières.* — Vous promeniez partout, depuis le Yucatan jusqu'aux bouches du Rio Grande, le glorieux pavillon de la France ; — vous souteniez, dans des opérations complètement maritimes, la vieille et illustre réputation de la Marine Française ; — vous partagiez, en un mot, avec nos bataillons, les périls et les fatigues d'une expédition, qui n'aura pas été sans gloire.

« Je dirai à notre souverain, avec quelle abnégation, avec quelle énergique intelligence, avec quel dévouement, la France a été représentée par vous, depuis l'arrivée du corps expéditionnaire en 1862 : à Vera-Cruz d'abord; puis à Puebla lors des opérations du siège ; à Tampico et à Tuxpam en 1863 ; en 1864 à Campêche, sur toute la côte du Yucatan et à l'autre extrémité du Golfe, lors de la prise de Matamoros ; en 1865 et en 1866, dans les périlleuses et difficiles expéditions de Januto, de Carmen, de Tabasco, etc., etc. où les officiers et les équipages ont tant eu à souffrir.

« J'appellerai le bienveillant et juste intérêt de Sa Majesté sur les chefs qui ont si bien compris leur mission, à la mer comme à terre dans des positions moins brillantes, — et surtout ceux qui les ont si bien aidés à la remplir.

« Pour moi, je conserverai, comme un précieux souvenir de ma vie militaire, l'honneur d'avoir eu sous mes ordres de si vaillants et de si dévoués officiers et marins.

« Un jour, peut-être, nous retrouverons-nous sur tel autre point du globe, où nous réunira la destinée politique de notre patrie ; vous n'aurez, pas plus que moi, j'en suis convaincu, oublié les liens qui nous unissent, et là, comme ailleurs, nous réunirons nos efforts, pour élever bien haut le drapeau de la France et donner de nouvelles preuves à notre Auguste Souverain, que les deux armées de terre et de mer, déjà sœurs par les armes, le sont plus encore par le cœur, lorsqu'il s'agit d'assurer la gloire et la perpétuité de sa dynastie.

« Signé : Bazaine. »

* * *

Enfin, le jeudi matin, 14 mars 1867, après un violent coup de vent de Norte, les bâtiments de la division navale appareillaient et le *Magellan* quittait pour toujours cette terre du Mexique, où tant de souffrances et tant de misères avaient été le partage de nos marins.

Et le Commandant Cloué, immobile et pensif sur l'arrière de sa frégate, regardait disparaître peu à peu les clochers blancs et les murs crénelés de Vera-Cruz, qui se détachaient comme ceux d'une ville orientale sur les dunes étincelantes et sur l'azur foncé du ciel.

Puis il ne vit bientôt plus que la tache blanche de Saint-Jean d'Ulloa, où flottait depuis le matin les couleurs mexicaines ; — et son cœur se serra en pensant à cette triste aventure qui avait eu nom l'*Expédition du Mexique !* et à laquelle, pendant plus de trois ans, il avait donné toute son activité et tout son dévouement.

Mais, il pouvait revenir en France, fier de ses équipages et des services que ses navires avaient rendus. Pendant ces cinq années, il leur avait fallu subir un va-et-vient continuel, que rien n'arrêtait, ni le mauvais temps, ni les combats, ni les épidémies ; — il leur avait fallu, journellement, voir entasser, dans leurs batteries, des centaines de blessés, des malades, atteints des affections épidémiques les plus dangereuses ; ou bien faire le transport de bestiaux qui apportaient avec eux une incurable et méphitique saleté.

Gloire à ceux qui, comme le Commandant Cloué, ont pu sans défaillance et sans reproche, maintenir haut et ferme le drapeau de la France au Mexique.

Ses frères d'armes de là-bas ne l'ont pas oublié à l'heure dernière, car une couronne portant la simple inscription : *Les Combattants du Mexique*, suivit sa dépouille mortelle jusqu'à Chantilly, où elle restera bien longtemps encore, l'ornement glorieux de cette humble demeure.

---

## IX

### LE PILOTE DE TERRE-NEUVE — CAMPAGNE DANS L'OCÉAN PACIFIQUE

Le Contre-Amiral Cloué est nommé major-général à Cherbourg ; — il reprend la rédaction de ses travaux hydrographiques, et fait paraître le *Pilote de Terre-Neuve*. — L'Amiral est nommé au Commandement de la division navale du Pacifique, — il met son pavillon sur l'*Astrée*. — Situation politique de Tahiti à l'arrivée de la frégate. — Le *Nautilus* apporte la nouvelle de la déclaration de guerre contre la Prusse. — Surveillance des côtes de l'Amérique du Sud. — Situation délicate de l'*Astrée* et de nos nationaux. — Retour de la frégate en France. — Travaux de l'Amiral pendant cette campagne.

Le Contre-Amiral Cloué revint à Brest avec le *Magellan* et amena son pavillon le 17 mai 1867.

Cette campagne du Mexique, qui avait pour lui duré plus de trois ans et demi, lui avait apporté les deux étoiles, la croix de Commandeur de l'ordre de Guadeloupe et les insignes de Commandeur de la Couronne de fer d'Autriche.

Il avait bien mérité quelques mois de repos ; mais ce travailleur infatigable ne connaissait pas l'oisiveté. Dès son arrivée à Paris, il se hâta de rassembler les matériaux recueillis pendant ses onze années de travaux hydrographiques à Terre-Neuve, et de reprendre la rédaction des cartes et des « instructions nautiques. »

Nommé major-général de la Marine à Cherbourg, le 19 août 1867, l'Amiral y transporta tous ses papiers, et voulant terminer au plus vite l'œuvre qu'il avait entreprise, lui consacra tous les instants que pouvait lui laisser un service, rendu aussi absorbant que tyrannique, par l'activité minutieuse qu'il apportait en toutes choses.

Le labeur de chaque jour commençait avec l'aube, pour ne se terminer que le soir, et cela dura sans interruption, sans défaillance, pendant plus de deux années.

La première édition du *Pilote de Terre-Neuve*, formant deux volumes in-8°, avec 208 vues de côtes intercalées dans le texte, parut en 1869.

L'Amiral Cloué considérait à bon droit ce travail comme l'œuvre la plus utile de sa vie.

Comme nous l'avons fait remarquer plus haut, il n'existait qu'une très-vieille édition des « Instructions pour naviguer sur les côtes de Terre-Neuve », et les données en étaient absolument insuffisantes pour voyager dans ces parages.

Aujourd'hui, avec les cartes et le livre de l'Amiral Cloué, les capitaines peuvent s'approcher, sans crainte, des terres.

Ayant constaté par lui-même, les périls incessants qui attendent les navigateurs dans cette région, — où souvent, l'on n'aperçoit la terre que par de rares éclaircies ; où les brumes sont intenses ; où la mer est fréquemment démontée, — l'Amiral Cloué s'est attaché à prévoir tous les dangers, et les Anglais ont rendu pleine justice à ses travaux en les traduisant ; ils ont inséré en entier dans leur *New-foundland Pilot* (1878) toute la partie relative au *French Shore*.

Citons quelques rapports des commandants de la Station de Terre-Neuve, qui tous se prononcent sur l'utilité du travail de l'Amiral Cloué, et sur la confiance qu'il leur inspire.

Le 4 juin 1874, le Commandant de la frégate la ***Magicienne*** écrit de la rade de Saint-Pierre, après le naufrage de la corvette anglaise la *Niobé*.

« La marine anglaise ne possédait pas les excellentes instructions de l'Amiral Cloué. C'est sans doute en grande partie à cette circonstance qu'est due la perte de la *Niobé*, car le Commandant Boyle n'était mis en garde contre aucun des dangers qui entourent le Nord de Miquelon, ni contre les influences magnétiques qu'on peut redouter dans ces parages, — une brume intense a fait le reste et l'a amené sur cette côte Ouest de Miquelon où un marin ne peut considérer sans une certaine émotion les épaves laissées, chaque année, par des navires de commerce de toutes les nations..... »

Le 23 octobre 1877, à la fin de son rapport, l'Amiral Galiber, alors chef de la station de Terre-Neuve, écrivait au ministre :

« Comme toujours, le livre de l'Amiral Cloué a été notre guide ; c'est le meilleur pilote que l'on puisse avoir de la côte de Terre-Neuve, et les officiers anglais, qui s'en servent autant que nous, n'ont pas d'expressions assez élogieuses, quand ils parlent de la perfection de cet ouvrage et des services qu'il leur rend. »

En 1882, le capitaine de vaisseau Bigrel écrit au ministre dans son rapport général sur la campagne de Terre-Neuve :

« ..... Grâce à l'œuvre si complète de M. le Vice-Amiral Cloué, la navigation peut se faire aujourd'hui avec une grande sécurité, partout où les devoirs de leur mission appellent les bâtiments de guerre et sur toutes les parties de la côte que fréquentent nos pêcheurs. »

Nous terminerons ces citations en donnant un extrait des instructions adressées en 1887 par l'Amiral Humann aux Commandants sous ses ordres.

« ..... Je vous recommande tout particulièrement, dans le cas où une brume intermittente vous surprendrait sur le banc de Saint-Pierre, de tenter l'atterrissage par la baie ; cette manœuvre, décrite avec toutes les précautions qu'elle comporte dans le Livre de l'Amiral Cloué, a été exécuté sans difficulté par l'*Adonis* que je commandais en 1874. J'ai acquis, dans cette tentative, la certitude que les instructions rédigées par le savant hydrographe, n'énoncent rien qui ne soit conforme aux règles de la prudence, et je profite de cette occasion, pour vous inviter à vous inspirer dans toute circonstance, des indications contenues dans le *Pilote de*

*Terre-Neuve*, dont les conclusions devront toujours être acceptées avec une confiance absolue. »

* * *

C'est au milieu de ses chères et importantes études, et après avoir rempli pendant une année les fonctions de major-général de la marine à Cherbourg, que le Contre-Amiral Cloué fut appelé au commandement en chef de la Division navale de l'Océan Pacifique.

Il mit donc son pavillon sur la frégate l'*Astrée* le 14 juillet 1868, et pendant trois années visita successivement les ports de la côte Ouest des deux Amériques et les îles de la Polynésie.

Au moment de quitter la France, il apprit que de graves évènements se passaient aux îles Sandwichs. Les missionnaires américains, après avoir évangélisé l'archipel, — fondé des temples, des écoles, — converti la presque totalité de la population, — voulaient gouverner ; et la question politique compliquait encore singulièrement la question religieuse.

Dans l'Océan pacifique, deux points importants éveillent la convoitise des Etats-Unis et de l'Angleterre : les îles Sandwichs dans l'Hémisphère Nord ; les îles Marquises et l'archipel des Pomotou dans l'Hémisphère Sud.

Séparés par une étendue de mer de 800 lieues, sans port d'atterrissement, ces archipels sont en effet, les deux clefs du Pacifique.

Au Nord des Sandwichs, 900 lieues de mer libre s'étendent jusqu'à la presqu'île d'Alaska ; des Pomotou au continent Américain dans l'Est, on compte 1200 lieues ; et dans le Sud, on ne voit que quelques îlots déserts, la mer libre et le pôle.

Aussi, la lutte était-elle vive ; l'Angleterre perdait de jour en jour du terrain, et les Etats-Unis, dont la surprématie commerciale était indiscutable aux iles Sandwichs, voulaient l'annexion complète, et chauffaient les esprits.

L'Amiral Cloué demanda donc, avant d'appareiller, des instructions précises à son gouvernement sur la conduite à tenir. La France avait malheureusement abandonné le désir de reprendre une certaine influence dans cet archipel, et tout en le laissant libre d'agir suivant les circonstances, on insistait pour que l'amiral dirigeât ses principaux efforts sur notre protectorat des îles de la Société.

L'*Astrée* quitta la France à la fin du mois de juillet 1868 et fit route sur Valparaiso, Callao, Panama, San-Francisco, Vancouver, et mit le cap sur Papeete.

Sur ces côtes américaines qu'il a tant aimées, l'Amiral devait rencontrer d'agréables relations; des Péruviens à l'hospitalité gracieuse, qui, par leur constante amabilité, s'efforçaient de faire oublier à l'Amiral qu'il avait laissé en France une femme aussi adorée que charmante, et des filles dont l'aînée, venait de le rendre un heureux grand'père. Dans les derniers temps de sa vie, l'Amiral Cloué recevait encore des photographies de leurs petits-enfants envoyés par ses amis du Pérou devenus, eux aussi, grands-pères et bisaïeuls.

Aucun océan ne présente d'aussi vastes solitudes que le Pacifique ; — les jours, les semaines s'écoulent sans que la frégate relève une terre à l'horizon pendant sa traversée vers Papeete. A peine, de loin en loin affleurent quelques athols, îles madréporiques, édifiées patiemment par des insectes invisibles, poursuivant silencieusement une œuvre mystérieuse.

L'Amiral trouva l'archipel de Tahiti en proie à une grande agitation provenant des démêlés entre l'ordonnateur et le Commissaire impérial (MM. Boyer et La Roncière).

Depuis 25 ans, de nombreux résidents Européens étaient venus s'installer dans ces îles fortunées; — la France y avait fait des dépenses considérables et engagé sa dignité et son honneur ; — il fallait donc au plus vite relever le prestige de notre gouvernement, et ramener le calme dans les esprits.

Situé en dehors des grands courants commerciaux, l'archipel de la Société attendait tout de l'étranger : La race qui l'habite, indolente au suprême degré, vit sans besoin sur son sol admirable, mais sans culture, où un climat délicieux, des mœurs faciles et l'oisiveté bercent et engourdissent l'activité humaine.

Nul besoin de luxe là-bas ; la nature seule en fait les frais ; l'air, la lumière, la chaleur, les fleurs éclatantes, les fruits savoureux sont à tous sans labeur et sans peine.

Tout en entourant Pomaré du respect auquel elle pouvait avoir droit comme souveraine, le gouverneur français devait, par conséquent tenir compte de l'indolence et de la faiblesse de caractère des Tahitiens, et constituer au contraire un gouvernement fort, moral, susceptible de répondre aux légitimes aspirations du pays et de l'étranger.

L'Amiral Cloué reconnut bien vite qu'il fallait inspirer au dehors une confiance qui fût une garantie, et déclara sans hésiter, que le système existant ne pouvait la donner.

Le gouvernement de Tahiti était de fait essentiellement personnel, et se résumait dans le Commissaire Impérial ; Pomaré n'avait qu'un titre, peu souvent effectif, et l'*Assemblée Législative des Etats* n'était qu'un nom pompeux sans l'ombre d'un effet.

L'incident Boyer, montrait bien à quels excès l'on pouvait arriver dans ce pays, où les passions sont plus vives qu'ailleurs, et l'Amiral Cloué se prononça dès son arrivée pour la prise de possession de l'archipel dans le plus bref délai. — Il devait plus tard, comme ministre, obtenir la réalisation de ses désirs.

Il profita de son séjour forcé à Papeete pour refaire l'hydrographie de l'île principale et rédiger deux cartes de la côte. Dans ses moments de loisir, il aimait encore à parcourir ces pays d'un attrait tout particulier ; — nombreux sont les croquis qu'il rapporta de ce voyage à ces petits-enfants, et que plus tard il prenait plaisir à feuilleter avec eux en les initiant aux charmes de cette vie facile, captivante qui n'a laissé aucun marin indifférent...

. ˙ .

Ce fut à Tahiti, que le paquebot *Nautilus* vint apporter à l'Amiral Cloué, la nouvelle de notre imprudente déclaration de guerre à la Prusse.

Perdus au milieu des mers, éloignés de toute communication rapide avec l'Europe, les officiers de l'équipage de l'*Astrée* vivaient anxieux de savoir ce qui se passait en France ; — une lettre de l'Amiral au Ministre, portant la date du 30 août 1870, nous révèle l'état des esprits :

«..... Nous allons donc, disait-il, rester un mois encore avant de savoir la tournure que prendra ce duel à mort entre notre pays et la Prusse ; nous avons confiance en la bravoure éprouvée de ceux qui ont l'insigne honneur de combattre pour la France, mais nous ressentons un profond chagrin d'être dans un pareil moment si loin de notre Patrie, et pour ainsi dire inutiles ! »

Par le courrier suivant, l'*Astrée* reçut l'ordre de rallier Valparaiso et de surveiller les côtes de l'Amérique du Sud.

L'*Astrée* trouva le *Lamothe-Piquet* qui venait de faire une croisière inutile dans la grosse mer de ces parages. A part les navires allemands, expédiés avant la déclaration de guerre, il y avait peu de chances d'intercepter aucun ennemi ; — les négociants du Chili, craignant que les bâtiments de la division française ne fussent à croiser au dehors, n'osaient plus faire appareiller leurs navires, et la plupart des chargements étaient remis à terre ou transbordés sur des neutres.

L'esprit des populations de l'Amérique du Sud, sans nous être très hostile, ne nous était pas favorable ; aussi l'Amiral se hâta-t-il de donner, de son arrivée (3 octobre 1870) l'ordre de remplir de charbon le ponton stationnaire *Egérie*, commandé par un lieutenant de vaisseau, afin d'assurer l'approvisionnement de ses croiseurs.

On pouvait facilement prévoir ce qui arriverait : le commerce allemand, l'un des plus importants de Valpariso, avait été paralysé dès les premières nouvelles de la guerre ; — tous les bâtiments restaient sans frêt, et la colonie germanique accablait de ses réclamations le gouverneur de la ville pour qu'il interdise l'embarquement du combustible.

L'Amiral avait eu raison de prendre rapidement ses précautions, car une semaine plus tard, le matin même du jour où le plein du magasin flottant était terminé, le gouverneur Chilien, sous la pression de l'Allemagne, déclarait le charbon contrebande de guerre.

Et pendant ces incidents, les nouvelles de France se succèdaient de plus en plus mauvaises ; — tous les cœurs battaient fortement à bord de l'*Astrée*, où chacun regrettait tout bas de ne pouvoir prendre part à la grande lutte dont les échos retentissaient si loin, mais si tristes !...

« ...... Quels désastres en France, écrivait l'Amiral Cloué le 24 octobre, je sens que tout est perdu, car nous avons entrepris une guerre sans avoir rien de prêt ! Je ne puis exprimer mon chagrin ; j'y renonce ?

« Ces pénibles nouvelles compliquent les embarras que nous éprouvons pour les approvisionnements ; notre crédit sur la place tombe avec une effrayante rapidité et je me hâte de proroger nos marchés de vivres et de matériel, sans prendre le temps qu'exigerait une nouvelle adjudication. Nous sommes arrivés aujourd'hui au point que tout papier sur France n'a plus aucune valeur ; — on n'en veut absolument pas. »

Cette époque est pour l'*Astrée* le commencement de toutes les difficultés. Les traites sur le trésor français n'étant plus acceptées nulle part, les bâtiments de la division sont menacés de manquer de vivres et de rechanges ; — les officiers gardent le bord, pour éviter tout contact avec une population qui devient de moins en moins sympathique et ne craint plus de manifester ouvertement contre la France ; — et chaque jour on sent plus profondément la vérité de ce distique d'Ovide,

*Donec eris félix, multos numerabis amicos ;*
*Tempora si fuerint nubila, solus eris !*

L'Escadre d'évolutions au mouillage de Brest.

Page 177.

Au-milieu de cette hostilité générale, quelques nobles cœurs apparaissent cependant, qui n'ont pas désespéré du drapeau de notre Patrie. « Je suis absolument sans ressources, écrivait à l'Amiral Cloué le Consul général de France à San-Francisco ; nous ne vivons tous, mes employés et moi, que grâce à mon collègue M. F. Berton ; sans lui je ne sais comment nous ferions !.... »

Ce même M. Francis Berton, banquier, consul de Suisse et de Portugal à San-Francisco, répondait quelque temps après au commandant en chef de la division navale :

Il est vrai que vous ne trouveriez pas en ce pays à placer la moindre traite sur le trésor français, à n'importe quel prix ; cependant, si vous avez besoin d'envoyer quelques-uns de vos navires par ici, ou même de venir avec l'*Astrée*, n'hésitez pas, je vous prie, j'aime la France et j'ai confiance en elle, — Je me charge de vous fournir les fonds nécessaires à tous vos besoins. »

En même temps, M. Animat, notre agent consulaire à Talcahnano, écrivait à un négociant de Valparaiso :

« Si par l'effet des circonstances présentes, l'Amiral Cloué trouvait des difficultés pour se procurer les fonds nécessaires à la continuation du voyage de la frégate, faites-lui savoir que je mets à sa disposition 2000 livres sterlings, 1000 sacs de farine et 100 barriques de vins. Il me donnera des traites sur France à mes risques et périls, ou bien un simple reçu. »

Ces démarches si spontanées et si méritantes ont-elles jamais été récompensées ou seulement connues ? Elle partent cependant de cœurs généreux et pleins de patriotisme ou d'affection pour la France.

* * *

A la fin du mois d'octobre 1870 la frégate la *Flore*, fut envoyé de France pour seconder l'*Astrée* dans la surveillance de l'Océan-Pacifique.

Comme la coque et la machine de son navire exigeaient

de grands ménagements, l'Amiral Cloué expédia le 6 novembre la *Flore* et l'*Hamelin* aux îles Gambier, avec mission de s'occuper plus spécialement des parages océaniens dont Tahiti était le centre ; et il demeura pour surveiller la côte Ouest de l'Amérique avec l'*Astrée*, le *Lamothe-Piquet*, et le d'*Entrecasteaux*.

Ce n'était pas une besogne facile, car la mer était souvent mauvaise dans ces parages, et l'étendu des côtes rendait les croisières longues et fatigantes. Le *Lamothe-Piquet* réussit cependant à capturer deux navires de commerce de la Confédération de l'Allemagne du Nord.

1° Le brick-goëlette *August*, de Hambourg, chargé de vin et de spiritueux, qui fut pris à 30 milles au large d'Iquique, le 9 novembre.

2° Le trois-mâts-goëlette *Gazelle*, de Brême, chargé d'orge et de farine, que le croiseur atteignit le 22 novembre, à 15 milles au Sud d'Iquique.

Pendant ce temps, le d'*Entrecasteaux* faisait également deux prises : 1° en mer, un *trois-mâts* chargé de cuir ; 2° sur la côte de l'Equateur, le brick *Wanderer* de Hambourg.

Aucun autre navire ennemi n'avait paru dans l'Océan Pacifique, et le rôle pénible, quoique effacé de l'Amiral Cloué, s'était borné à fouiller toutes les côtes de l'Amérique du Sud avec trois ou quatre croiseurs, toujours en mouvement, ne prenant de repos nulle part.

Nous sentons percer le désespoir que lui cause cette inaction dans la lettre suivante qu'il adresse au ministre, le 21 janvier 1871 :

« Il est bien regrettable que la marine n'ait pas eu l'occasion de montrer dans cet Océan Pacifique, son dévouement et sa discipline. Mes matelots se seraient révélés dignes de leurs glorieux camarades de France ; j'en suis sûr en ce qui concerne l'*Astrée*, car son équipage est des meilleurs, ses officiers ne laissent rien à désirer ! »

Le même jour, il quittait Valparaiso, pour doubler le cap Horn, et traverser l'Atlantique ; sans avoir relâché nulle part, il atterrissait à Gorée (Sénégal), le 14 mars, après deux mois de mer. Une courte relâche de sept jours suffit à réparer la frégate, et à refaire ses approvisionnements, et l'*Astrée* termina son voyage à Lorient, le 8 avril 1871.

Le commandement de l'Amiral Cloué dans le Pacifique était terminé. Cette station la plus étendue de toutes celles qu'entretient la France, avait été conduite avec la plus grande activité. Il fallait faire face, avec quatre navires, à une surveillance extraordinaire et par conséquent les avoir toujours en marche, malgré les hasards d'une mer difficile et les fatigues d'une longue navigation ; — aussi l'*Astrée* ne s'arrêta-t-elle nulle part et parvint à réaliser 18905 lieues marines depuis son départ de France.

Toutes les missions catholiques des îles Tonga, Gambier, Samoa, Fidji, furent, malgré la guerre, visitées successivement par le chef de division ou l'aviso la *Mégère* ; les autres navires touchèrent aux îles Chincha et Guonâpe ; — aucun point ne fut oublié.

Pendant son séjour dans l'Amérique du Sud, l'Amiral Cloué vit deux républiques troublées par les révolutions : « l'Equateur et la Bolivie. » Il s'y transporta rapidement, pour protéger ses compatriotes ; mais il n'eût point à intervenir, car notre pavillon fut respecté.

Cette campagne de trois ans avait été pour tous, très rude, profondément triste, emprunte d'angoisses par la guerre néfaste de 1870 ; — elle le fut encore plus particulièrement pour l'Amiral Georges Cloué qui eut la douleur de perdre sa mère décédée à Marolles (Seine-et-Oise) à l'âge de 65 ans, le 5 août 1869.

S'il n'avait pu prendre une part active à la guerre, l'Amiral avait continué, du moins pour sa patrie, ses travaux scientifiques et rapporté une précieuse moisson de plans et de cartes, levés par les navires sous ses ordres, et bien souvent par lui-même. De 1868 à 1871, il rédigea les plans de trois canaux latéraux de la Patagonie : *baie de l'Isthme*, *hâvre Grappler* et *hâvre Eden*, puis un plan de l'île *Juan Fernandez* et les deux *cartes de Tahiti* dont nous avons déjà parlé.

Lorsqu'il fut plus tard directeur du dépôt des Cartes et Plans de la Marine, l'Amiral Cloué publia en 1878 une notice sur le détroit de Magellan avec de nombreuses vues de côte dessinées par lui et son élève, le Commandant Pierre.

## X

## GOUVERNEMENT DE LA MARTINIQUE PRÉFECTURE DE CHERBOURG — ESCADRE D'EVOLUTIONS

L'Amiral Cloué est nommé gouverneur de la Martinique. — Etat des esprits. — Ses lettres à sa petite-fille. — Il est mis à la tête de la Préfecture Maritime de Cherbourg, puis nommé Directeur général du service hydrographique. — L'Amiral Cloué commande l'Escadre d'Evolutions, son ordre du jour de départ. — Présidence du Conseil d'Amirauté.

A la fin de sa campagne dans l'Océan Pacifique, — campagne des plus pénibles et des plus actives, où l'Amiral Cloué avait su par son énergie et par sa modération, éviter tous les conflits et conserver au drapeau une situation honorable et respectée, — il fut appelé pendant quelques mois à Paris, pour y présider différentes commissions techniques réunies au Ministère de la Marine.

Le 2 août 1871, M. Thiers le nommait Gouverneur de la Martinique, et quinze jours après, il embarquait avec sa famille pour se rendre à Fort-de-France.

La situation politique dans notre Colonie des Antilles, était grosse de difficultés. — Les deux ans, — à peine écoulés depuis la dernière insurrection, — n'avaient pas réussi à calmer les passions ; et plus ardent que jamais, se manifestait l'antagonisme entre les blancs et les mulâtres. Tenir la balance entre des préjugés aussi profonds et des haines aussi féroces rendait le pouvoir bien périlleux !

De tous côtés — dans les campagnes — les chefs de la révolte parcouraient les huttes, les cabanes des noirs, en leur persuadant qu'on allait rétablir l'esclavage !..... Le gouverneur vit dans ces manœuvres un péril pour la sûreté publique et montra, dès son arrivée, une attitude ferme qui empêcha tout mouvement nouveau d'éclater.

Puis, il consacra ses efforts à la tâche si délicate d'apaisement et, par une impartialité des plus soutenues dans son administration, réussit bientôt à calmer les partis en présence.

Pendant son séjour à la Martinique, l'Amiral Cloué reçut la visite de deux escadres anglaises, qui passèrent quelque temps à Fort-de-France et à Saint-Pierre. De grandes fêtes s'échangèrent aussitôt et les relations les plus cordiales ne tardèrent point à s'établir entre les deux nations.

Le gouverneur français dut même, — pour répondre à une aimable et très pressante invitation, — aller avec sa famille s'établir, pendant une huitaine de jours, chez son collègue de la Barbade.

Au milieu des graves soucis que lui causait son gouvernement, l'Amiral trouvait encore le temps d'être le grand-père le plus aimant et le plus tendre.

Chaque soir, après sa trop fatigante journée, il venait, pour une bambine de 6 ans [1], — se rasseoir à son bureau ; — et là, il traçait en prenant soin de son inexpérience, des caractères d'imprimerie admirablement imités. Nous le voyons, la maison endormie, s'attarder à ces croquis vivants, pleins de son caractère droit et correct.

Quel admirable modèle pour tous les grands-pères que ces pages illustrées faites d'un rien charmant! Cet homme parfait, qui venait de remuer des questions d'Etat, pendant des heures, — de parler avec une autorité et une vigueur bien connues, — cet homme excellent savait causer avec le *bébé de son cœur* (ainsi qu'il l'appelait), *des oiseaux de*

1. Sa petite-fille Marie-Louise Le Clerc.

*tantine, des vieilles marchandes d'oranges*, et des détails insignifiants qui font le monde des enfants !

Et combien de fois nous avons admiré ces enveloppes où rien ne manque, pas même le timbre spirituellement grotesque.

Il est heureux que les mères sachent enlever aux enfants terribles et destructeurs, de semblables bijoux, — reliques précieuses dans une famille.

Pendant trois années, l'Amiral administra la Martinique avec une activité et une bienveillance dont chacun, là-bas, a gardé le meilleur souvenir et qui lui fit d'ailleurs obtenir la croix de grand officier de la Légion d'Honneur, le 13 juillet 1872.

Sa santé, qui avait résisté aux meurtriers climats de Madagascar et du Mexique, s'altéra un moment dans ce pays des Antilles. Il voulait demeurer à son poste ; mais le Ministre Pothuau crut faire acte d'humanité, en le rappelant en France pour lui imposer un congé de convalescence.

L'Amiral et Madame Cloué vinrent alors rejoindre leur fille Louise, qui avait établi un domicile provisoire à Saint-Servan, afin d'y jouir plus souvent de la présence de son mari, le Lieutenant de vaisseau Le Clerc, commandant sur les côtes de Bretagne l'aviso-école des pilotes — le *Faon.* — Toute la famille passa l'été dans le manoir normand du *Bosc-aux-Lièvres* où quelques semaines de repos rendirent très vite à l'Amiral sa robuste santé.

* * *

Il se préparait à rejoindre son poste, lorsqu'il fut promu le 17 décembre 1874 au grade de vice-amiral et bientôt après envoyé (15 février 1875) comme Préfet Maritime à Cherbourg, où il passa trois années, donnant la preuve d'aptitudes administratives remarquables. — Sous son impulsion énergique, notre port militaire de la Manche, devint un établissement de premier ordre, et la rade de Cherbourg fut mise en état de résister à toutes les entreprises d'un ennemi audacieux.

Il quitta le premier arrondissement maritime pour aller prendre à Paris, le 26 décembre 1876, la direction générale du Dépôt des cartes et des plans de la marine, où il fit rédiger, sous sa surveillance spéciale, une ***notice sur le*** *détroit de Magellan et les canaux de la Patagonie.* — Deux petits albums de vues de côtes, dessinées par le Commandant Pierre et par lui, furent joints à ces instructions.

Appelé, le 3 novembre 1878, à prendre le commandement en chef de l'escadre d'évolutions dans la Méditerrannée, l'Amiral Cloué hissa son pavillon sur le *Richelieu*, et obtint de son prédécesseur, le vice-amiral de Dompierre d'Hornoy qu'il lui cédât son chef d'Etat-Major, le capitaine de vaisseau Courbet.

Il s'y connaissait en hommes, et depuis longtemps il avait apprécié les qualités de ce héros qui devait plus tard commencer glorieusement l'expédition du Tonkin et disparaître, — regretté de tous, — en laissant planer, bien haut et à tout jamais, son nom, — connu et vénéré jusque dans la moindre chaumière du pays de France.

Nous ne pouvons mieux montrer l'impression favorable, causée par la nomination de l'Amiral à la tête de nos flottes, qu'en citant un article publié par un des grands journaux de l'époque[1] :

« M. le vice-amiral de Dompierre d'Hornoy a eu pour successeur M. le vice-amiral Cloué.

« L'ordre du jour, adressé aux troupes de mer par M. Cloué, prouve l'excellent choix fait par l'Amiral Pothuau. Le nouveau Commandant n'a point eu recours à ces subtilités de langage qui, sous prétexte d'écarter la politique des proclamations militaires, dissimulaient le nom de gouvernement ou le titre de chef de l'Etat à l'aide des phériphrases des plus ambigües.

1. *Temps.* Novembre 1878.

« L'ordre du jour du vice-amiral Cloué se termine par ce simple vœu ;

« Dieu protège la République française !

. . . . . . . . . . . . . . . . . . . . . . . .

« Nous étant renseigné auprès d'un grand nombre d'officiers, vétérans de notre marine, sur la personnalité de l'Amiral Cloué, nous avons obtenu la réponse unanime suivante qui sera la conclusion de cet article.

« Officier-général d'un réel mérite et très instruit, ayant obtenu tous ses grades à la suite de faits de guerre ou de travaux exceptionnels, marin dans l'âme, cœur loyal, caractère bienveillant, bien que brusque parfois, franc presque jusqu'à la rudesse, sachant écouter et très bon juge des idées des autres — c'est un homme sur lequel on peut absolument compter ! »

L'Etat-Major-Général de l'Amiral était formé par : — le capitaine de vaisseau Courbet, chef d'Etat-Major, — le capitaine de vaisseau de Blond de Saint-Hilaire, capitaine de pavillon, — le capitaine de frégate Thierry, premier aide de camp. Les lieutenants de vaisseau : Constantin, secrétaire, — Caillard, — Jubault, — Kerlero du Crano, aides de camp.

L'escadre comprenait quatre divisions avec les bâtiments:

1re Division. *Richelieu* (commandant de Blond de Saint-Hilaire) ; *Savoie* (commandant Aube) ; *Provence* (commandant Pallu de la Barrière) ; *Infernet* (commandant Layrle) ; *Forbin* (commandant Gallini).

2e Division (sous le pavillon du contre-amiral Foulloy, l'ancien camarade de l'Amiral Cloué à Madagascar, et avec lui le seul survivant du Berceau) ; *Trident* (commandant Conte) ; *Surveillante* (commandant de Foucault) ; *Revanche* (commandant de Lanneau).

3e Division (détachée dans le Nord sous le pavillon du contre-amiral Amet) ; *Suffren* (commandant Franquet) ; *Colbert* (commandant Ribell) ; *Friedland* (commandant Lacombe) ; *Hirondelle* (commandant (Humann).

4ᵉ Division (détachée dans le Levant sous les ordres du contre-amiral Lejeune) ; *Gauloise* (commandant Barbotin) ; *Couronne* (commandant Salmon) ; *Guyenne* (commandant Roy).

Pendant l'année de commandement de l'Amiral Cloué, les trois divisions de l'escadre firent une croisière de trente jours dans l'Océan, et par une manœuvre hardie, rentrèrent à Brest en traversant de nuit le Raz de Sein et le Toulinguet. Les marins se rappelleront longtemps encore l'arrivée de cette escadre qui vint attaquer les forts du Goulet et simuler une entrée de vive force dans la rade de Brest.

Enfin, le 5 novembre 1879, l'Amiral Cloué remettait le commandement de l'escadre à l'Amiral Garnault.

Lorsqu'il dut quitter le pont du *Richelieu*, il sentit en lui comme un grand déchirement ! C'était son dernier navire ; — jamais plus il ne vivrait de cette vie de marin qu'il aimait tant ! — Et tel que l'éclair qui rapidement sillonne la nue, ses 47 ans de mer vinrent traverser sa pensée : il revit sa joie lorsqu'il mettait le pied à bord de son premier vaisseau l'*Orion*, — puis ses courses vagabondes sur toutes les mers, heureux toujours et n'ayant jamais un seul reproche pour cette carrière si librement choisie. Son dernier ordre du jour est le suivant :

4 novembre 1879.

*Etats-majors et équipages de l'Escadre d'évolutions.*

« Au moment d'amener mon pavillon et de me séparer de vous, je viens vous faire mes adieux et vous exprimer le profond regret que j'éprouve — en quittant ce magnifique commandement, — en cessant d'être à la tête de marins tels que vous.

« J'ai trouvé partout dans l'escadre un attachement au devoir, un respect de la discipline et une infatigable ardeur dont je vous remercie. Je leur ai dû de bien vives satisfactions, et la possibilité d'accomplir la difficile et intéressante mission que m'avait confié le Ministre et qui a fait l'objet de notre laborieuse campagne d'été dans l'Océan ; — campagne dont l'instruction de tous a été le résultat immédiat, et dont nous recueillons déjà les fruits pour le perfectionnement de notre matériel naval.

« Etats-Majors et Equipages !

« Je vous quitte avec la confiance de laisser entre les mains du digne amiral qui va me succéder, une escadre qui a fait ses preuves comme navigation et comme instruction militaire, — une escadre montée par de vaillants marins sur le dévouement et la vigueur desquels la France peut compter en toute circonstance.

« Dieu protège la République Française !

« Le Vice-Amiral : G. Cloué. »

L'Amiral Cloué retrouva heureusement à Paris une existence assez remplie pour lui faire oublier, peu à peu, que son rôle de navigateur était terminé, et pendant une année il présida le Conseil d'Amirauté, en s'occupant très activement de toutes les hautes questions maritimes qui en dépendent.

---

# XI

## L'AMIRAL CLOUÉ

## MINISTRE DE LA MARINE ET DES COLONIES

L'Amiral Cloué accepte le portefeuille de la Marine et des Colonies. — Attaques dirigées contre le Cabinet après la déclaration Ministérielle du 11 novembre 1880. — Interpellation de M. la Vieille contre le Ministre de la Marine. — Divers projets de lois présentés au Parlement. — Expédition de Tunise ; Causes, opérations militaires. — Chute du Ministère Ferry.

Lorsque l'amiral Jauréguiberry quitta le ministère, le 23 septembre 1880, les vives instances du président de la République, jointes à celles de ses collègues, décidèrent l'amiral Cloué à accepter, dans le premier cabinet Ferry, le portefeuille de la marine et des colonies. Dès lors, il n'eut d'autre ambition que d'être utile à son pays en mettant au service de la France toute l'expérience qu'il avait acquise dans sa longue et laborieuse carrière ; et pendant quatorze mois on le vit déployer une énergie et un zèle remarquables pour réorganiser la flotte et augmenter notre matériel naval.

Fin et pénétrant, sous les dehors d'une extrême bonhomie, il discernait vite les documents sincères, les aptitudes particulières du personnel sous ses ordres et savait rendre justice à chacun suivant ses mérites. Un de ses premiers actes en arrivant au ministère, est un acte de clémence ; connaissant mieux que personne les conflits politiques qui agitent chaque jour nos colonies des Antilles, il demanda comme faveur spéciale au président de la République, la grâce des personnes, condamnées à la suite de l'insurrection qui eut lieu dans le sud de la Martinique en 1870 ; — et le conseil général de cette colonie s'empressa de lui voter, dans sa séance du 28 octobre 1880, une adresse de félicitation et de remerciement, déclarant « que l'avènement au pouvoir de leur ancien gouverneur est le signe certain d'une ère de calme et d'apaisement. »

Il semble que, porté par son seul mérite à la tête de la marine, après un passé de constant travail et de glorieux services, l'amiral Cloué ne devait trouver dans sa nouvelle situation, qu'honneur et satisfaction.

Hélas ! il n'en fut pas ainsi, — dès les premiers mois de son installation à la rue Royale, il eut à subir des attaques personnelles très violentes qui le touchèrent profondément et dont il garda toujours, dans le reste de sa vie, un souvenir pénible !

* * *

Pendant son passage au ministère, l'amiral eut le bonheur de faire adopter par les Chambres plusieurs propositions intéressant grandement nos colonies ; ce sont :

1° La cession pleine et entière faite à la France par le roi Pomaré, des archipels de la société dépendant de la couronne de Tahiti (20 décembre 1880) ;

2° Le chemin de fer de Dakar à Saint-Louis, aujourd'hui l'un des plus grands débouchés du Sénégal, qui a créé à Dakar un centre commercial des plus importants, en affranchissant le commerce intérieur de la terrible barre du fleuve (16 février 1881).

En même temps il réorganisait l'École des défenses sous-marines de Boyardville (5 février 1881) pour la mettre à la hauteur des nouveaux développements de la science, et il s'élevait de toutes ses forces contre le service militaire réduit à trois ans.

« Avec votre loi, s'écriait-il, vous empêchez l'armement de nos navires. Les exigences spéciales du service de l'armée de mer nous obligent à entretenir des hommes pendant un grand nombre de mois dans les écoles; l'inscription maritime ne suffisant pas à alimenter les équipages de la flotte, nous sommes obligés de prendre un tiers du personnel, c'est-à-dire dix mille hommes sur trente mille, dans le recrutement.

« Or, les contingents arrivent toujours six mois après l'époque légale; — dans les divisions des équipages où ils sont remis, il faut à peu près le même temps pour reconnaître ce qu'ils valent; c'est-à-dire, si l'on en produira des canonniers, des fusiliers, des timonniers ou des torpilleurs. Tout cela fait un an.

« Alors, on les envoie dans une école spéciale où ils passent de six à huit mois. En résumé, il faut en moyenne dix-huit mois avant que les hommes du recrutement soient bons à embarquer. Mais il ne faut pas croire qu'il suffira de les mettre ensuite à bord d'un bâtiment pour qu'ils soient prêts à combattre; — il faudra cinq à six nouveaux mois pour que chacun ait son poste, et bien des exercices répétés avant que le novice puisse se présenter avec honneur au combat. »

Un peu plus tard, l'amiral Cloué posa au Conseil des ministres la demande de maintenir l'amiral Pothuau dans la première classe du cadre de l'état-major général; sa tâche ne fut pas difficile car, à l'unanimité, son candidat fut accepté pour les services rendus pendant la guerre de 1870.

*
* *

Enfin, l'amiral Cloué eut la gloire de contribuer pour une grande part à la conquête de la Tunisie.

Il n'est pas besoin de rappeler longuement ici, quels graves intérêts nationaux cette expédition a eu pour but de garantir.

La Tunisie offrait une zone toujours ouverte, soit aux insurrections algériennes qui se dissipaient, soit aux insurrections algériennes qui voulaient recommencer, et un gouvernement vraiment patriote, ne pouvait supporter la pensée de laisser à d'autres la possession d'un territoire qui, dans toute l'acceptation du mot, était la clef de notre maison.

La question tunisienne était d'ailleurs aussi vieille que la question algérienne ; et depuis plus de cinquante ans, il y avait sur ce point, dans notre politique, une suite d'idées remarquables.

Dès les premiers jours de la conquête de l'Algérie, nos hommes d'État avaient compris, que la sécurité de la nouvelle province était intimement liée à la domination politique de la Régence. Ni la Monarchie de juillet, ni l'Empire, n'avaient jamais toléré la pensée que cette terre africaine put appartenir à la Porte, si faible qu'elle fut. Et à chaque rébellion ou mouvement d'une tribu de la Régence, l'escadre turque, qui allait faire une démonstration sur les côtes tunisiennes, trouvait des vaisseaux français sur la même côte, prêts à protéger le Bey.

Pour sa sûreté, la France ne pouvait donc tolérer en Tunisie ni l'anarchie, ni l'étranger ; mais comme l'anarchie tendait à devenir endémique dans ce pays et que l'anarchie conduisait à l'appel de l'étranger, nous voyons dès 1864 apparaître les plaintes de tous les agents politiques concluant à une occupation définitive de la Tunisie.

Au commencement de 1881, la situation n'était plus acceptable et demandait une solution immédiate.

La Régence créait un refuge naturel quotidien aux fauteurs d'insurrection en Algérie ; elle était l'entrepôt d'immenses envois d'armes et de poudre aux tribus rebelles. Puis, en plein XIXe siècle, sous les yeux des autorités musulmanes, on y venait de piller les navires *Auvergne*, *Centoni*, etc., etc... Les bandes de Kroumirs violaient nos frontières, — et en cela il ne s'agissait pas seulement de brigandages individuels (ce qui est inévitable en pays arabe) ; — mais d'incursions faites par des bandes armées, de véritables attaques militaires, de véritables combats.

Enfin, l'espèce de protectorat fondé sur les intérêts communs, qui avait été accepté jusque-là par le gouvernement tunisien, se relâchait ; — Tunis devenait un pays ennemi. Un jour, on mettait tout en œuvre pour déposséder une société française du vaste domaine de l'Enfida, en cherchant dans

L'AMIRAL CLOUÉ
Ministre de la Marine.

Page 193.

la loi musulmane quelque disposition obscure et équivoque qui permît d'invalider une transaction régulière. Un autre jour, après avoir concédé à la Compagnie de Bone-Guelma le chemin de fer de Tunis à Sousse, le Bey se rétractait sans raison et imposait des conditions nouvelles..... etc.....

Le Gouvernement résolut d'agir énergiquement et fit voter par les Chambres, en avril 1881, une loi portant ouverture de crédits extraordinaires aux Ministères de la guerre et de la marine, pour opérations sur les frontières de Tunisie.

La campagne fut activement conduite: la *Surveillante*, accompagnée du *Tourville*, du *Léopard* et de la *Corrèze*, se présenta, le 25 avril, devant Tabarca, détruisit en quelques heures le fort et, malgré le mauvais temps, mit à terre les troupes qui s'emparèrent aussitôt des hauteurs.

Cependant, l'île de Tabarca ne pouvait constituer une base d'opérations suffisante pour notre corps expéditionnaire, qui avançait péniblement à travers ce pays difficile de Kroumirie. Dans un Conseil des ministres, tenu le 28 avril chez le président, M. Ferry, à l'Instruction publique, l'amiral Cloué fit comprendre à ses collègues la nécessité d'avoir un port sérieux sur la côte, afin de ravitailler plus facilement les troupes.

« Il faut de plus, dit-il, prendre les Kroumirs à revers, et leur couper toute communication avec Tunis si l'on désire une prompte solution. Voulez-vous que, après-demain samedi ou le jour suivant au plus tard, je fasse prendre Bizerte sans déranger l'escadre, ce qui attirerait l'attention et pourrait nous amener quelques bâtiments anglais ou italiens. J'ai retenu sur la côte d'Algérie, plusieurs cuirassés en route pour la station du Levant, auxquels on ne fait pas attention. Le *Lagalissonnière* est à Bône, l'*Alma* est à Alger, la *Surveillante* est encore à Tabarca, et la *Reine-Blanche* à Tunis ; — un télégramme de nous les réunira promptement devant Bizerte, que nous prendrons en un clin d'œil.

« Seulement, comme les équipages ne doivent rester hors

des navires que le moins de temps possible, il faut embarquer de suite à Toulon des troupes pour les remplacer. »

Le projet fut goûté par le Conseil, et au jour dit, le 1er mai, Bizerte était occupé par l'amiral Conrad; 12 jours après, nos troupes étaient à Tunis et le Bey signait le traité du Bardo.

Certaines tribus du Sud, excitées en dessous par la Turquie et d'autres puissances, voulurent protester en se soulevant; la prise de Sfax (5 juillet), l'occupation de Gabès et de l'île Djerba (28 juillet), étouffèrent bientôt les dernières velléités d'insurrection.

Comme juste récompense, l'amiral Cloué fut élevé, le 5 juillet, à la dignité de grand'croix de la Légion d'honneur.

Cette expédition de Tunisie, qui avait été acclamée par toute la France, — non pour ses victoires militaires, victoires faciles du fort contre le faible ; — mais à cause des grands intérêts nationaux sauvegardés, loin d'entourer le ministère d'une glorieuse auréole, fut, au contraire, la principale cause de sa chûte.

Le 6 novembre, MM. Naquet, le comte de Roys et Amagat, interpellèrent violemment le Cabinet sur les affaires de Tunisie, l'accusant d'avoir outrepassé ses droits en faisant une grande guerre sans l'autorisation du Parlement. Et le Ministère, après une admirable réponse de M. Jules Ferry, se retira pour faire place au Ministère Gambetta, le 15 novembre 1881.

## XII

### DERNIÈRES ANNÉES DE L'AMIRAL CLOUÉ

L'Amiral Cloué entre dans le cadre de réserve. — Ses derniers travaux scientifiques. — Il est nommé Conseiller d'Etat. — Études sur les marées de la Basse-Seine. — Son départ pour Thonon. — Aggravation de sa maladie. — Il succombe. — Ses obsèques et sa sépulture. Epilogue.

Atteint par la limite d'âge, l'Amiral Cloué fut placé le 28 août 1882, dans la deuxième section du cadre de l'état-major général ; il avait donné à la France cinquante ans de services effectifs, dont trente-deux passés à la mer. Il demanda bientôt à faire valoir ses droits à la retraite et se consacra dès lors entièrement à d'importants travaux qui attestent sa continuelle activité et le désir qu'il avait de se rendre encore utile à son pays.

En 1883, il publie une seconde édition du *Pilote de Terre-Neuve*, nécessitée par les nouvelles reconnaissances des Anglais sur la côte qui leur est spécialement affectée par les traités. Ce nouveau volume présenté à l'Académie des Sciences par M. Faye, président du bureau des Longitudes, contient 272 vues de côtes, intercalées dans le texte, c'est-à-dire soixante-quatre de plus que dans la première édition.

En 1886, il fait paraître une étude très complète sur l'*Ouragan de juin 1885 dans le golfe d'Aden*. Tout le monde se rappelle le terrible cyclone qui ravagea les côtes d'Afrique, et qui fut tout particulièrement remarquable non-seulement par sa violence, et les malheurs qu'il causa, mais surtout par l'imprévu de sa trajectoire. De mémoire d'homme, on n'avait souvenir qu'un pareil évènement se fut produit dans le golfe d'Aden, et les instructions nautiques restaient impuissantes à le définir.

L'Amiral Cloué parvint à se procurer les journaux et les rapports d'une trentaine de navires, ainsi que les observations faites à Aden et Obock ; — et grâce à ces nombreux documents, il établit exactement la marche, les dimensions et la vitesse de translation de ce violent cyclone qui engloutit quatre grands navires, et plus de cinq cents hommes d'équipage.

Les *Annales hydrographiques allemandes* ayant publié plus tard une brochure sur le même sujet, en attribuant à la trajectoire de l'ouragan plusieurs inflexions qui ne paraissaient pas justifiées à l'Amiral, il rédigea, pour combattre cette opinion, un second mémoire qui fut soumis à l'Académie le 9 mai 1887.

Enfin, pendant cette même année, paraît le *filage de l'huile*, travail essentiellement nouveau, qui a pour but de vulgariser l'emploi de l'huile comme moyen d'atténuer les effets de la mer dans les mauvais temps, — en s'opposant par un voile léger et artificiel à la formation des brisants.

L'origine de cette question, si éminemment humanitaire, remonte à la plus haute antiquité ; mais, abandonnée depuis longtemps à cause des difficultés pratiques qu'elle rencontra, elle n'est réellement devenue d'un emploi courant que depuis ces dernières années, — c'est-à-dire depuis les instructions précises et bien détaillées de l'Amiral.

La communication faite à l'Académie, dans sa séance du 6 juin 1887, eut un grand retentissement à cause de la singularité du sujet, et bientôt après le principe du *filage de l'huile* fut adopté par la marine militaire et par toutes les compagnies de paquebots.

Malgré l'importance de ces intéressants ouvrages qui prenaient à l'Amiral Cloué la plus grande partie de ses journées, il parvenait encore à fournir un service des plus réguliers aux différentes sociétés savantes dont il faisait partie.

Elu le 24 mars 1875, membre correspondant du Bureau des Longitudes, il en était devenu membre titulaire le 30 juin 1881, en remplacement de M. de la Roche Poncié, puis vice-président de 1884 à 1886 ; — ses collègues l'avaient chargé tout spécialement de la rédaction des *Positions géographiques des principaux lieux du globe*, à laquelle il ajouta 920 positions nouvelles.

Depuis 1879, il occupait en outre la vice-Présidence du Conseil de l'Observatoire et du bureau central de Météorologie.

Enfin, il fut nommé Conseiller d'État le 31 janvier 1888, en remplacement de l'Amiral Bourgois, et passa les dernières années de sa vie à traiter les diverses questions maritimes soumises à la juridiction de la haute-cour.

* * *

Son dernier travail est l'importante étude sur les *Marées de la Basse-Seine* qui parut dans la *Revue Maritime et Coloniale* à la fin du mois de décembre 1889, c'est-à-dire au moment même de sa mort.

Ayant été nommé rapporteur au Conseil d'Etat d'un projet de décret sur le pilotage de la Seine, il voulut, comme toujours, approfondir la question, et alla passer trois mois sur les lieux pour se rendre compte des besoins d'un service qu'il s'agissait de modifier profondément.

Les difficultés du pilotage le frappèrent de suite, et, peu à peu, il fut amené à étudier attentivement le régime des marées qui produisent, à l'embouchure de la Seine, des changements très dangereux par la rapidité avec laquelle il se manifestent.

Sa brochure est pleine de renseignements curieux et ignorés de la plupart des marins.

Pendant toute la durée de notre grande Exposition de 1889, l'amiral Cloué présida d'une manière très appréciée la classe XVI, c'est-à-dire la section de Géographie et de Topographie.

Ce service devait être le dernier qu'il rendait à la France.

Sa santé jusqu'alors vigoureuse, parut se fatiguer des séances, des commissions nombreuses, longues et souvent passionnées ; et les germes d'une grande lassitude commencèrent à se manifester. Mais c'est à peine s'il y prit garde, tant étaient profonds et enracinés, son amour du travail et son dévouement aux intérêts du pays.

Ce fut seulement au mois d'août, après avoir mené à bien une tâche plus rude que ne semblaient l'indiquer les apparences, que l'amiral partit chercher dans la Savoie « à Thonon », un air plus pur et le repos nécessaire à sa santé.

Il était trop tard, — la cruelle maladie devait avoir raison de son robuste tempérament, qu'une hygiène intelligente avait conservé dans toute sa verdeur et qui faisait l'admiration générale. Pendant une partie de son séjour à la campagne, l'amiral dut garder la chambre ; il revint au commencement d'octobre à Paris reprendre, pour ne plus le quitter, son appartement de la rue de Verneuil.

Les célébrités médicales reconnurent bien vite l'existence d'une tumeur fibreuse intestinale ; mais l'état d'affaiblissement du malade et son âge avancé, ne permirent pas d'entreprendre l'extraction.

Il n'y avait plus qu'à attendre le fatal dénouement.

Dès les premiers jours de décembre, l'amiral ne se leva plus d'un lit de repos dressé dans son cabinet où plusieurs accès douloureux augmentèrent les angoisses de sa famille.

Il conserva jusqu'au dernier moment la plénitude de ses facultés, et tant était grande sa confiance dans son ancienne vigueur, — que la mort vint le surprendre, alors qu'il avait l'espérance de devenir prochainement arrière grand père, et qu'il rêvait déjà de faire un marin de son futur petit-fils. Hélas ! après trente-six heures d'une cruelle agonie, il fut enlevé le 25 décembre 1889, à midi. Il mourut dans les bras de sa femme et de ses enfants.

Avant l'instant suprême, son regard éteint parut un moment se ranimer, et chercher, pour lui dire un dernier adieu, la compagne de son existence, — puis sa tête retomba pour toujours.

Les funérailles de l'amiral Cloué furent célébrées à Paris, le dimanche 29 décembre et l'inhumation eut lieu le lendemain dans une sépulture de famille, à Chantilly.

Telle fut la vie de l'amiral Cloué, marquée toute entière par le devoir et l'honneur !

Sa carrière est remplie de faits intéressants que nous avons tâché de retracer et de détailler, — sacrifiant l'intérêt purement littéraire à l'espérance d'être utile en restant toujours sévèrement exact.

Jamais une défaillance n'eut prise sur cet homme que nous avons cherché à dépeindre comme il le mérite. Nous le voyons : — marin, — administrateur, — ministre, — poursuivre avec constance un but unique : le bien de la France.

Tout jeune, il forme son caractère et montre son énergie, dans les difficiles débuts du métier qu'il a choisi. Se vouant résolument à la mer ; elle l'adopte, le prend par la main et lui fait gravir jusqu'au dernier des échelons permis à ses fidèles. Aussitôt qu'il se trouve mêlé aux affaires publiques, nous le retrouvons toujours : plein de droiture, de fermeté, de conviction.

Dans aucune des situations qu'il occupa, personne sous ses ordres ne travaillait plus que lui, et n'était aussi esclave du travail dont il s'était fait une religion.

Enfin, dans l'intimité, l'amiral Cloué était l'ami le plus bienveillant, le plus sûr ; — le père le plus tendre et le plus dévoué que l'on puisse rencontrer.

Son nom appartient à la postérité qui en associera le souvenir à celui des « Grands serviteurs de la Patrie ».

FIN

# INDEX

## DES CARTES ET PLANCHES ILLUSTRÉES

*Contenues dans l'ouvrage.*

# TABLE DES MATIÈRES

## PREMIER SÉJOUR A TERRE-NEUVE



## CAMPAGNE DE RUSSIE — BALTIQUE — CRIMÉE



## DEUXIÈME CAMPAGNE A TERRE-NEUVE

## (1857-1862)

## GUERRE DE SÉCESSION

### § 1. — *Premier voyage du* Milan *à la Nouvelle-Orléans.*



### § 2. — *Prise de la Nouvelle-Orléans.*

## MEXIQUE — SECONDE EXPÉDITION

## LE PILOTE DE TERRE-NEUVE
## CAMPAGNE DANS L'OCÉAN PACIFIQUE



## GOUVERNEMENT DE LA MARTINIQUE
## PRÉFECTURE DE CHERBOURG
## ESCADRE D'ÉVOLUTIONS



## L'AMIRAL CLOUÉ
## MINISTRE DE LA MARINE ET DES COLONIES

## DERNIÈRES ANNÉES DE L'AMIRAL CLOUÉ





Compiègne. — Imprimerie Henry Lefebvre, rue de Solferino, 31.

www.ingramcontent.com/pod-product-compliance
Ingram Content Group UK Ltd.
Pitfield, Milton Keynes, MK11 3LW, UK
UKHW020548180726
13838UKWH00001B/108